»Vom

Paradies

ein goldner

Schein«

Elisabeth Trautwein-Heymann

»Vom Paradies ein goldner Schein«

Durch Kinderaugen:
Musik und Menschen im Hause
Werner Richard Heymann

Prolog: Werner Richard Heymann
über Werner Richard Heymann
(Autobiographie im Telegrammstil)

HENTRICH & HENTRICH

Stadlmair FOUNDATION

AKADEMIE DER KÜNSTE

Die Deutsche Nationalbibliothek verzeichnet diese Publikation in der Deutschen Nationalbibliografie; detaillierte Daten sind im Internet über https://portal.dnb.de/ abrufbar.

Inh. Dr. Nora Pester
Haus des Buches
Gerichtsweg 28
04103 Leipzig
info@hentrichhentrich.de
http://www.hentrichhentrich.de

Lektorat: Sarah Pohl
Umschlag: Gudrun Hommers
Gestaltung: Ulrike Vetter
Druck: Winterwork, Borsdorf

1. Auflage 2022

Printed in Germany
ISBN 978-3-95565-561-7

Den Freunden
Helga & Wilfried Stadlmair
gewidmet

Inhalt

Prolog

„Sie kennen mich nicht, aber sie haben schon viel von mir gehört", so stellte sich mein Vater nach der Rückkehr aus dem Exil im Rundfunk vor und spielte auf dem Klavier kurz einige seiner Lieder an: „Liebling, mein Herz läßt dich grüßen", „Ein Freund, ein guter Freund", „Das ist die Liebe der Matrosen", „Das gibt's nur einmal, das kommt nicht wieder". – Ehe Sie, liebe Leser, meinen Vater aus der Sicht meiner Kinderaugen kennenlernen, sollen Sie erfahren, was ich als Kind über sein bewegtes Leben nicht wusste. In seiner „Autobiographie im Telegrammstil" aus dem Jahr 1958 – ich war damals fünf – hat er das Wesentliche zusammengefasst:

Werner Richard Heymann über Werner Richard Heymann

Geboren in Königsberg am 14.2.1896 – Saß schon mit drei Jahren am Klavier – Spielte alles nach, was ich hörte – Erste eigene Kompositionen mit fünf Jahren – Erste aufgeschriebene Komposition mit acht Jahren – Ab sechs Jahren Geigenunterricht; ab zwölf Jahren Mitglied des Philharmonischen Orchesters; Musiktheorie und Kontrapunkt unter Paul Scheinpflug – Mit 16 Jahren erstes Orchesterwerk – Erste Kompositionen, Lieder, Orchestergesänge – Orchesterstücke erscheinen bei Josef Weinberger in Wien; nebenbei Gymnasium absolviert – Mit 17 Jahren wunderschöne erste Frau kennengelernt, was mit 20 zur Ehe führte – Mit 22 Jahren Uraufführung „Rhapsodische Symphonie" bei Weingartner mit

Philharmonischem Orchester in Wien, anschließend Bühnenmusiken in Berlin: Max Reinhardt, Karlheinz Martin, Bertolt Viertel; außerdem literarisches Kabarett: Max Reinhardt, Rosa Valetti, Trude Hesterberg – Beginne auf Capri Streichquartett, das in Scharfling am Mondsee beendet wird; Uraufführung: „Schlößchen" von Stefan Zweig, Salzburg, Kapuzinerberg – Inflationshungerjahre in Berlin – Gründe kleines Orchester – Mache Stimmungsmusik in Filmateliers – Werde engagiert als Assistent von Emö Rapée, Generalmusikdirektor der Ufa – Schreibe so in einem Jahr 3000 Seiten große Orchesterpartitur – Werde sein Nachfolger – Übernehme 120 Filmtheater als musikalischer Leiter – Verlasse die Ufa aus Protest gegen das Hugenberg-Regime – Mache letzte Bühnenmusik bei Max Reinhardt: „Artisten" – Schreibe ersten Weltschlager: „Kennst Du das kleine Haus am Michigansee?" – Gehe zur TOBIS – Arbeite mit Tonfilmerfindern Masolle, Vogt und Engel; mache erste deutsche Tonfilme – Lerne wunderschöne Frau kennen; führt zur zweiten Ehe – Tonfilm kommt überall; Ufa muß mich zurückholen – Arbeite hauptsächlich bei Erich Pommer; mache Musik zu den Filmen: „Liebeswalzer", „Die drei von der Tankstelle", „Ihre Hoheit befiehlt", „Bomben auf Monte Carlo", „Der Kongreß tanzt", „Der Sieger", „Quick", „Ich bei Tag und du bei Nacht", „Der blonde Traum", „Saison in Kairo"; in diesen Filmen die Schlager: „Liebeswalzer", „Du bist das süßeste Mädel der Welt", „Ein Freund, ein guter Freund", „Liebling, mein Herz läßt dich grüßen", „Es führt kein andrer Weg zur Seligkeit", „Das ist die Liebe der Matrosen", „Eine Nacht in Monte Carlo", „Das gibt's nur einmal", „Das muß ein Stück vom Himmel sein", „Hoppla, jetzt komm ich", „Irgendwo auf der Welt" und viele andere ... – Verlasse die Ufa wegen Hitler und gehe nach Paris – Erste große Operette „Florestan 1er, Prinz von Monaco", nach dem Buch von Sacha Guitry – Erstes Engagement nach Hollywood zur Centfox: „Caravan", Regie: Eric Charell – Zurück nach Paris und Lon-

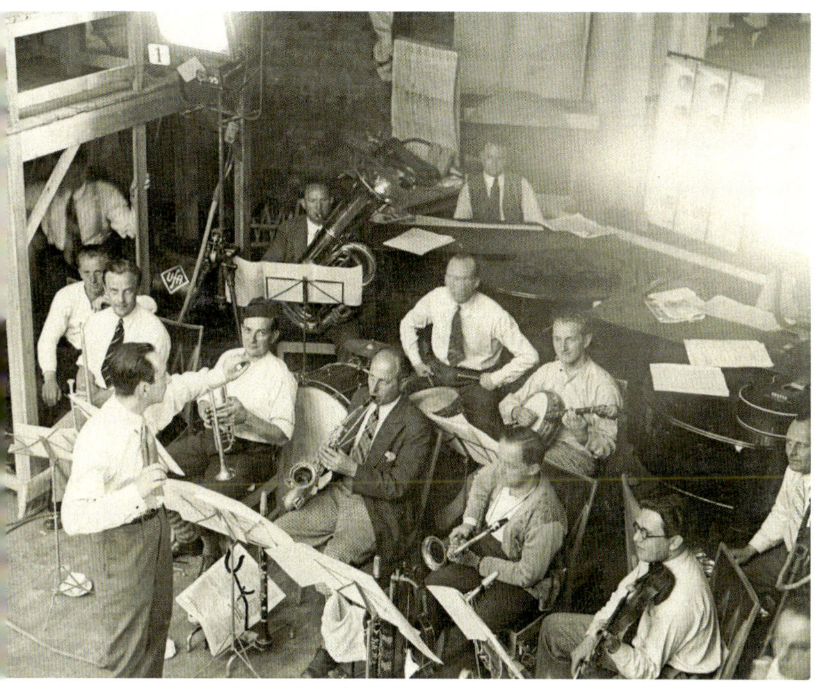

Foto 1: Heymann dirigiert bei Filmaufnahmen der Ufa in Babelsberg

don – In Paris zweite Operette in den Bouffes Parisiens: „Trente et quarante“, Buch von Fodor und de Letraz – Maurice-Chevalier-Film in London – 1936 zurück nach Hollywood, komponiere Musik zu über 40 Tonfilmen, darunter sechs bei Ernst Lubitsch, darunter „Rendez-vous nach Ladenschluß“ und „Ninotschka“ – Lerne wunderschöne dritte Frau kennen, was zur Ehe führt – 1951 zurück nach Europa – Lerne allerschönste, wunderschönste Wienerin kennen, was nicht nur zur Ehe, sondern auch zu einem himmlischen Mädchenkind führt – Schreibe Musik zu Filmen, u. a. „Heidelberger Romanze“, „Alraune“; außerdem zu zahlreichen Dokumentarfilmen des American State Department – dazwischen die Chansons von der Bühnenfassung zu Heinrich Manns „Professor Unrat" (= Der blaue Engel); Uraufführung in München (Kleine Komödie) Pfingsten – 1954 Uraufführung musikalisches Lustspiel „Kiki vom Montmartre" am Württembergischen Staatstheater Stuttgart; dann Silvester-Premiere unter Leo Mittlers Regie am Thalia Theater in Hamburg.

Ich liebe: Meine Frau, mein Kind, die Welt; Menschen, Tiere, Landschaften, Essen, Trinken, Rauchen, Autofahren, Kochen, Bücher. Ich liebe die Freiheit.

Ich hasse: Diktatur, Gottlosigkeit, Notenschreiben, Wolle am Körper und Steinchen im Schuh.

Ich hoffe: Auf die Vereinigten Staaten von Europa, eine lange Jugend, auch für meine wundervoll junge und himmlisch schöne Frau und – viel Geld.

Mit herzlichen Grüßen Euer Werner R. Heymann

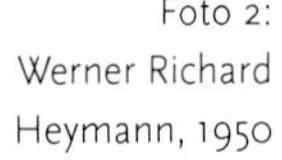
Foto 2:
Werner Richard
Heymann, 1950

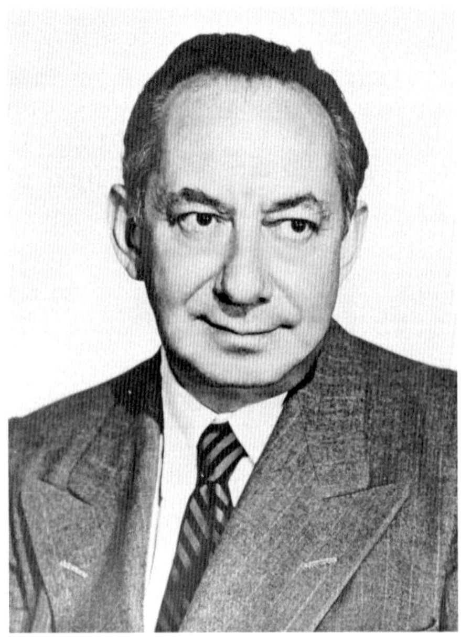

Ich war Kiki

Ich war Kiki. So nannte man mich. Das kam so: Als mich mein Wiener Großvater sechs Wochen nach meiner Geburt das erste Mal sah, war er von meinen großen blauen Augen hingerissen. Und weil in Wien die Augen „Guckerln" heißen, nannte er mich mit Kosenamen „Kuckie". Mein Vater, der ein Jahr zuvor nach 18 Jahren Exil aus den USA zurückgekehrt war, protestierte, denn im Amerikanischen steht „cooky" auch für ‚leichtes Mädchen'. Aus „Kuckie" wurde „Kiki". So hieß auch die Titelfigur des musikalischen Lustspiels, an dem er gerade mit seinem Freund Robert Gilbert arbeitete: „Kiki vom Montmartre". Ihr Auftrittslied, ein Musettewalzer, beginnt mit den Versen:

Ich bin Kiki, so nennt man mich,
und in Paris, da kennt man mich,
wenn ich auch lang nicht pompös
wie die Pompadour bin.
[...]
Da wo die Dächer beinah so schief sind,
dass schon kein Spatz mehr Platz darauf find',
da wo die Treppen so primitiv sind,
dass sie kein Geldbriefträger erklimmt,
da wuchs ich auf als kleines Wurm,
heut bin ich auch kein Eiffelturm,
aber das Pünktchen auf dem i,
das bin ich, die Kiki!

Foto 3:
„Ich bin Kiki“

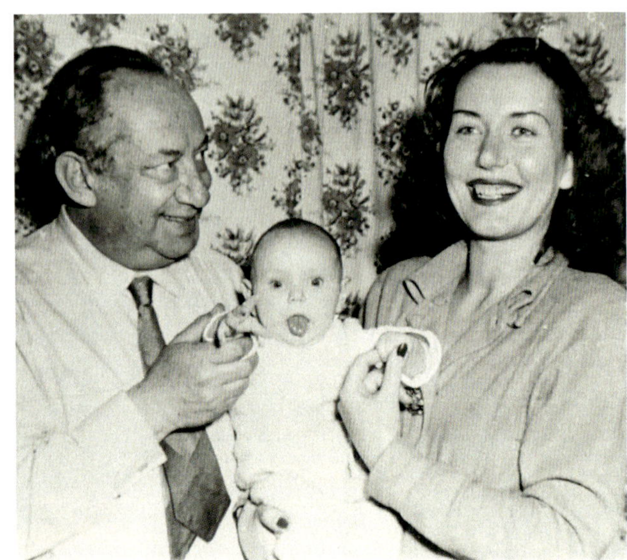

Foto 4:
Kiki auf dem Montmartre, 1957

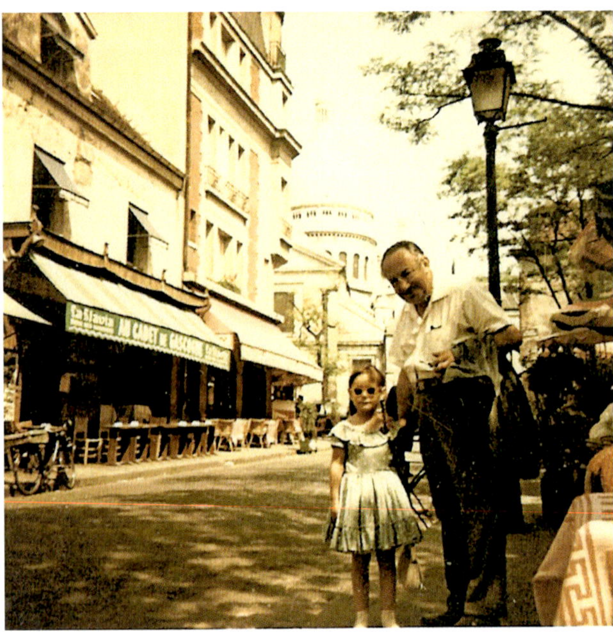

Erinnern: Vom Paradies ein goldner Schein

Ich bin mit der Musik meines Vaters[1] aufgewachsen. Solange er lebte, gab es kaum einen Tag, an dem bei uns nicht live Musik erklang. Mit seinen Melodien war er die Zentralsonne meiner Kindheit. Vieles aus diesen kostbaren Jahren mit meinem Vater ist mir klar in Erinnerung. Es sind Fenster, die ich beliebig öffnen kann. Dann sehe ich kleine Szenen, Bilder oder Geschichten ... mit und ohne Ton! – Ich habe das Geschenk eines guten Gedächtnisses. Das kam daher, dass Papi zu Hause arbeitete und kein Tag wie der andere war. Und ich wollte mir alles merken. Mein Vater starb, als ich achteinhalb Jahre alt war. Auch meine Mutter war schon schwer krank gewesen. Und ich fühlte, ich muss mir alles merken, dann kann es mir nicht mehr genommen werden. So sind mir die Kinderszenen geblieben, die ich hier erzähle: „Das gibt's nur einmal, das kommt nicht wieder. [...] So wie ein Wunder fällt auf uns nieder vom Paradies ein goldner Schein."

Tisch-Geschichten

In unserem Schwabinger Haushalt in der Georgenstr. 34 gab es ein Lebenszimmer. In diesem sogenannten Musikzimmer stand am Fenster der Flügel meines Vaters. Es war ein kleiner Bechstein-Konzertflügel aus dem Jahre 1905, den er nach seiner Rückkehr aus Hollywood der Schauspielerin Vera Tschechowa abgekauft hatte. Auf der anderen Seite des Musikzimmers standen der Esstisch, um den sich eine blaue samtbezogene Eckbank zog, und drei ebenso samtbezogene blaue Sessel. An und unter diesem Tisch spielten sich die interessantesten Geschichten meiner Kindheit ab.

Mein Vater, meine Mutter[2] und ich hatten ihre festen Plätze. Meine Mutter saß auf der Schmalseite der Bank und hatte im Rückkissen eine versteckte elektrische Zauberklingel: Wenn sie auf einen kleinen weißen Knopf drückte, läutete es in der Küche und herein kam die gute Fee, die das Geschirr abräumte. Auf der Breitseite der Bank, mir gegenüber, saß mein Vater meist bis lange nach dem Essen. Dann las er, schrieb, und wenn Nachrichten im Fernsehen kamen oder Sport, sah er fern. Beim Essen war mein Platz auf dem Sessel; danach wanderte ich unter den Tisch, mit Bessy, unserem Königspudel, oder mit meinen diversen Stofftieren.

Der Tisch war meist mit einem schönen weißen Tischtuch bedeckt, darüber eine nahezu unsichtbare Plastikdecke. Wenn Gäste kamen, wurde der Tisch riesengroß, weiß bedeckt, aber ohne Plastik. Dort saßen dann Leute wie Robert Gilbert, Friedrich Hollaender, Erich Wolfgang Korngold, Mischa Spoliansky, Georg Kreisler, George Tabori, Hans Albers. Die meisten Gespräche handelten von Musik. Der Weg zum Klavier

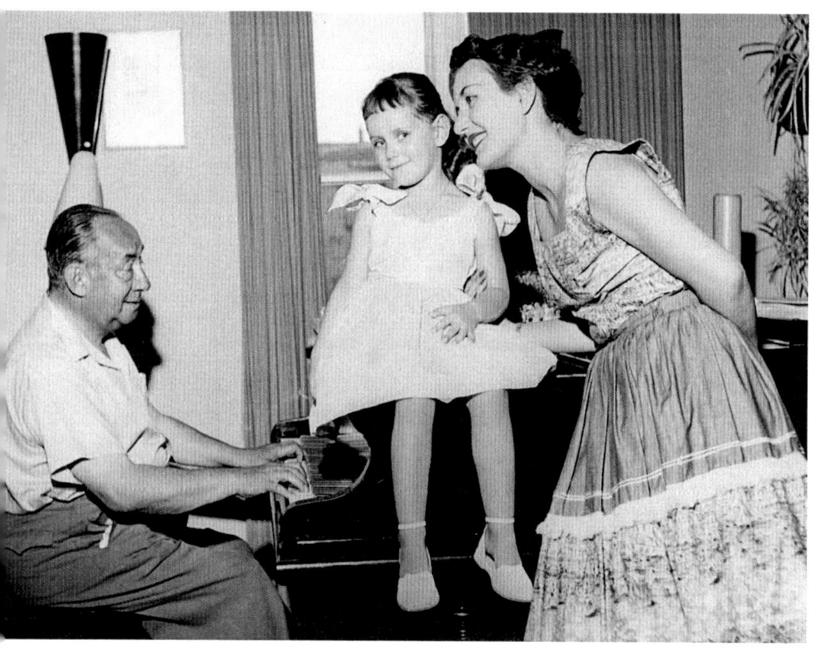

Foto 5: In unserem „Lebenszimmer“

war nicht weit. Einer sprang immer auf und spielte am Klavier, um das Besprochene zu verdeutlichen. Auf dem Klavier stand unser „Engelorchester“. Die Engel wurden oft umgestellt, je nachdem, ob die Geigen links oder rechts besser klangen oder nach anderen Erfordernissen. Ich durfte sie nur mit den Augen anfassen, beobachtete aber ihre Positionswechsel genau. Die Hauptfigur war der Engel am Konzertflügel, mein Vater.

Außerdem stand im Lebenszimmer eine damals hochmoderne Musiktruhe. Wenn der gewählte Sender ertönen konnte, leuchtete mich das Radio mit grünem Auge an. Und sie hatte einen Plumps-Plattenspieler. Man konnte zehn Schallplatten übereinanderlegen. Die fielen dann mit sattem „Plumps“ aufeinander, bis alle Seiten abgespielt waren. Im Vergleich zu anderen Familien hatten wir auch sehr früh einen Fernseher, der mir die abenteuerlustigen Hunde Lassie und Rin Tin Tin ins Haus brachte. Wenn ihre Sendungen liefen, versuchte ich immer, unseren Königspudel Bessy zum Mitschauen zu bewegen. Er sollte hinterher die Abenteuer mit mir nachspielen und auch ein so hochbegabter Detektiv-Retter-Alleskönner-Hund sein. Aber Bessy war desinteressiert, und so erlebte ich nur Abenteuer ohne Hund.

Wenn Freunde meiner Eltern zum Bridge kamen, wurde der große Tisch blau: Ein blaues Filztuch bedeckte ihn, mit seitlichen Taschen an jedem Eck. Ein sogenannter „Boy" mit Getränken und kleinen Häppchen wurde aus der Küche hereingefahren. Auf den Gläsern waren Spielkarten, ebenso auf den Servietten. Meine Mutter trug roten Nagellack im gleichen Rot wie Herz und Karo. Ich war entzückt und wollte unbedingt auch Bridge spielen lernen, wegen der Servietten, den Gläsern, dem Nagellack.

Den magischen Tisch aller Tische, der so viel erlebt hat, gibt es heute noch. Er bildet das Familienzentrum meines Sohnes Werner in Salzburg, hört die Klänge der heutigen Zeit und das Lachen meines Enkels Aeneas (und seiner Sonnenmutter Maria Teresa).

Proben

Wenn mein Vater mit Chanteusen oder Sängern probte, fand auch das im geselligen Ess-Klavier-Musiktruhen-Fernseh-Zimmer statt. Mein Vater liebte es, mich in seiner Nähe zu haben, meiner Mutter versprach ich, leise zu sein. Und ich konnte ganz still sein, wenn es etwas zu beobachten gab. Die Tage, an denen geprobt wurde, gehörten zu den glücklichsten meiner frühen Kindheit. Meine Mutter traf die Vorbereitungen: Getränke wurden bereitgestellt und der Tisch zum Ausbreiten der Noten freigemacht. Unter diesem Tisch aber, hinter der herabhängenden Tischdecke unsichtbar, saß ich. Auch bei diesen Gelegenheiten war immer ein Stofftier dabei. Die Auswahl, welches mitdurfte, war gar nicht so einfach, denn auch dieses musste absolut still sein können. Der große Brummbär musste im Kinderzimmer bleiben, wegen seines „Brumm". Pferde, Füchse, Stoffpudel, alle waren viel zu quirlig und wollten ständig mitsingen oder gar bellen ... unmöglich. Aber meine beiden Schlafhundchen Flicki und Flocki, die hatten die Augen geschlossen, die waren still und entspannt. Und sie blieben es, selbst wenn die tiefen Posaunen-Stimmen von Trude Hesterberg[3] oder Kate Kühl[4] durchs Zimmer dröhnten. Trude Hesterberg war vornehm und elegant. Mit den Noten in Händen stand sie neben dem Flügel und sah meinen Vater an. Kate Kühl war sehr stattlich; sie stand immer schräg hinter ihm und schaute in seine Noten auf dem Klavier. Flicki und Flocki waren Zwillinge; für Außenstehende sahen sie gleich aus. Ich aber konnte sie gut unterscheiden: Flocki hatte ein flockig weiches Fellchen, Flicki war rauer und, wenn er wach war, wesentlich wilder ...

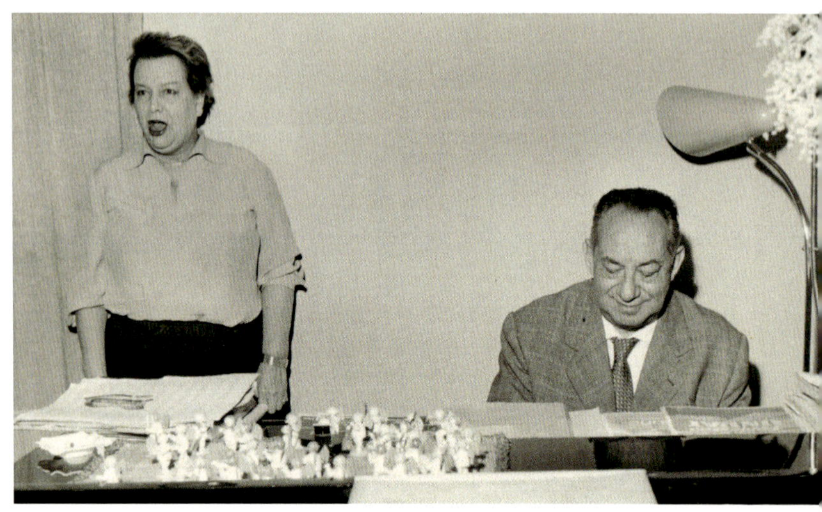

Foto 6: Kate Kühl und Werner Richard Heymann proben

Auch mein Teddybär mit seiner schönen Trachtenhose und dem eleganten Strickpullover durfte mit. Er hieß und heißt „Bär Heymann“; als Fachmann für die Musik meines Vaters konnte er mir nach den Proben immer erklären, warum mein Vater mal schneller, mal langsamer, mal lauter, mal leiser spielte. Nach Aufführungen von Heymann-Musik verbeugte er sich auch immer mit, weil er mentalen Anteil an der Vorstellung hatte. Noch heute ist er bei allen Heymann-Konzerten dabei, verbeugt sich am Schluss und wird von allen anderen – natürlich ebenso unsichtbaren, aber anwesenden – Tieren bejubelt.

Die Proben verliefen arbeitsintensiv und heiter. Mit seiner Klavierbegleitung trug mein Vater die Interpreten, atmete und fühlte mit ihnen. Es war aufregend, berührend, bewegend, meine Seele hat getanzt. Diese Proben mit der schönen Musik meines Vaters waren mein Eingangstor in die Welt der Töne, Klänge, Lieder, Noten und Texte. Es hätte ewig so weitergehen können mit der Musik, den Gesprächen, dem Werden eines Liedes, in dem sein Schöpfer und die Interpreten verschmolzen.

Mein Rechenlehrer Walter Mehring

Immer, wenn wir für ein paar Wochen in unsere schöne Casa Ariane nach Locarno fuhren, genauer nach Minusio di Locarno, nahmen mich meine Eltern aus der Schule und unterrichteten mich selbst. Dazu bekamen sie vorgefertigte Aufgabenstellungen von der Schule mit, sowie den Lehrplan der ersten und zweiten Klasse der Volksschule der Rudolf-Steiner-Schule in München.

Im Tessin lebten damals Ende der 1950er Jahre viele Emigranten und Künstler, mit denen mein Vater sich traf, sich austauschte, Pläne schmiedete, gemeinsam Projekte erarbeitete etc. Meist begleitete ihn dann meine Mutter als Ratgeberin, Sekretärin, wenn es um Notizen ging, oder es gab parallel ein Damenprogramm. Nun sollte aber trotzdem mein Unterricht nicht ausfallen. Da bot sich Walter Mehring[5] freiwillig als Rechenlehrer an. Wenn meine Eltern nach Ascona fuhren, besuchte ich Walter Mehring im Hotel Schiff. Ich hatte schon einige Onkel Walters, also sagte ich: „du, Walter Mehring" zu ihm.

Er fand den Unterricht zu einseitig. Wenn er mir Rechenaufgaben gab und ich mit deren Lösung beschäftigt war, saß er – wie er meinte – tatenlos herum. Andrerseits hatte ich nichts zu tun, wenn er meine Rechnungen korrigierte. Ob ich ihm nicht auch was beibringen könne? Ich kann gut zeichnen, meinte ich. Der Deal war perfekt: Während er sich Rechenaufgaben ausdachte, dachte ich mir Zeichenaufgaben aus. Dann tauschten wir diese und waren beide mit der Lö-

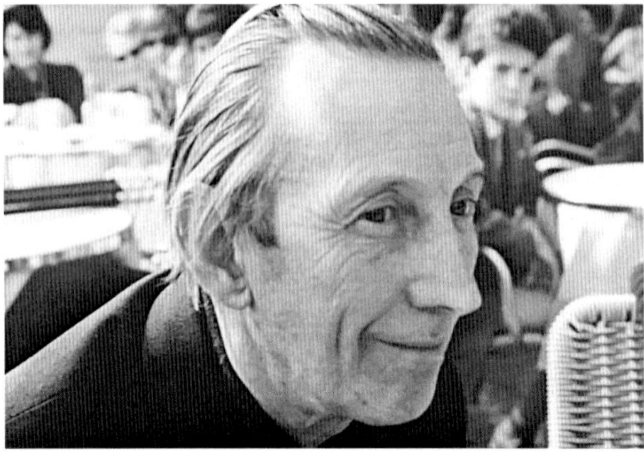

Foto 7: Walter Mehring im Hotel Schiff, Ascona 1960

sung sehr beschäftigt. Der Spaß ging dann bei der Korrektur der Rechnungen bzw. Zeichnungen richtig los. Die Rechnungen waren eindeutig: richtig oder falsch. Für mich waren es seine Zeichnungen auch. Meine Beurteilungen führten zu langen Diskussionen, warum er etwas falsch gemacht habe, und waren für uns beide sehr erheiternd. Nie wieder hat mir Rechnen so einen Spaß bereitet, denn nie wieder war ein Lehrer bereit, Zeichenaufgaben von mir entgegenzunehmen. Walter Mehring war sicher ein guter Lehrer. Dass ich bis heute nicht gut rechnen kann, muss an seinen Nachfolgern gelegen haben.

Gert Wilden, Bessy und Kindergeburtstage

Kennengelernt hat mein Vater Gert Wilden[6] kurz nach seiner Rückkehr aus Hollywood. Gerade in München angekommen, drehte er das Radio auf, aus dem eines seiner Lieder in einem schönen modernen Arrangement erklang. Mein Vater rief beim Bayerischen Rundfunk an, um den Namen des Arrangeurs zu erfahren: Gert Wilden blieb ihm wahrlich „ein Freund, ein guter Freund", ein Leben lang, und er wurde mein Patenonkel. Papi, du hast mir einen wunderbaren Menschen hier zur Seite gestellt! Das besprochene Thema konnte noch so ernst sein, mit ihm wurde es lustig. Meine erste Erinnerung an ihn ist sein Haus in Tutzing; es hatte rote Fensterläden. Das fand ich wunderschön, und vor meinem inneren Auge entstand mein Traumhaus mit ebensolchen Fensterläden, am Waldrand stehend, bewacht von einem großen weißen Pudel und mir zur Seite ein Mann, der Förster des angrenzenden Waldes war.

Aus dem weißen Pudel wurde immerhin ein brauner Königspudel. Einen solchen nämlich hatte mein Vater bei seiner Flucht aus Deutschland bei Freunden zurücklassen müssen, denn er durfte nur zwei Koffer und 600 Mark mitnehmen. Als die Nazis meinen Vater nicht mehr antrafen, erschossen sie seinen Hund, weil es ein „Judenhund" war. Ich war fünf Jahre alt, als ich diese Geschichte hörte, und verstand nicht die ganze Tragweite des Geschehens. Aber ich verstand, warum Bessy nicht weiß war, sondern braun sein musste, und dass er ein Trost für meinen Vater war, eine Riesenfreude für meine

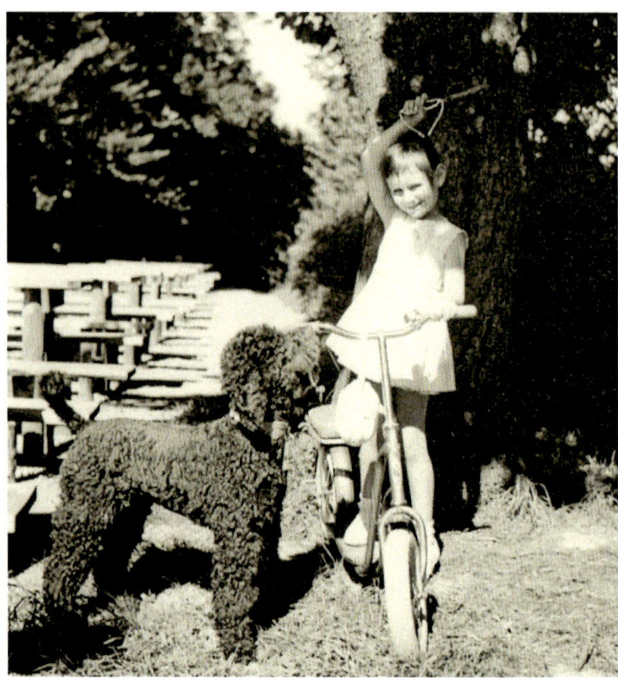

Foto 8: Mit dem braunen Pudel Bessy im Englischen Garten

Mutter und für mich zehn Jahre lang eine echte Tier-Freundin. Die Häuser, in denen ich später wohnte, hatten zwar teilweise Fensterläden, aber an meiner Seite waren keine Förster …

Das Haus in Tutzing lag nahe am Starnberger See; ich konnte ans Wasser runterlaufen, Gerts Sohn „Bubu" Wilden begleitete mich. Der war ein bisschen jünger als ich, also „klein", und als Aufpasserin war Bubus ältere Schwester Eva dabei, die wunderbar singen konnte. Gerts Frau war die schöne Trude Hofmeister, ebenso musikalisch, aber auch als Textdichterin tätig. „Silvana" hat sie getextet, mein Vater schrieb die Musik. Die Familie Wilden war natürlich auch oft bei uns in der Georgenstraße zu Gast. Bubu, der heute Filmkomponist ist und Gert Wilden junior heißt, auch Chris genannt, hat aus dieser Zeit nur eine schreckliche Erinnerung. Die Augen wurden ihm verbunden, er bekam einen Holzlöffel in die Hand und sollte einen Topf suchen. Um ihn herum schrien viele Kinder. Lärm, nichts sehen können und das Spiel nicht verstehen. Es muss einer meiner Kindergeburtstage gewesen sein. Bei so einem Geburtstag hat sich auch der Sohn des Theaterregisseurs Hans Schweikart, Andy Schweikart, versehentlich von innen in unser kompliziert verschlüsseltes Klo eingesperrt. Große Verzweiflung! Aber der ruhigen, tiefen Stimme meines Vaters konnte er folgen und sich wieder selbst befreien. Für uns Kinder war das aufregender als jedes Spiel ...

Gert Wilden, der meinen Vater nie vergessen hat, blieb auch nach dessen Tod uns und den Heymann-Melodien verbunden. Er arrangierte seine Lieder, sang und begleitete sie auf den zahlreichen Touren der Viel-Harmoniker. Mit 98 Jahren ist mein Taufpate Gert am 10. September 2015 seelenleicht und freudvoll lachend in die himmlische Welt gegangen.

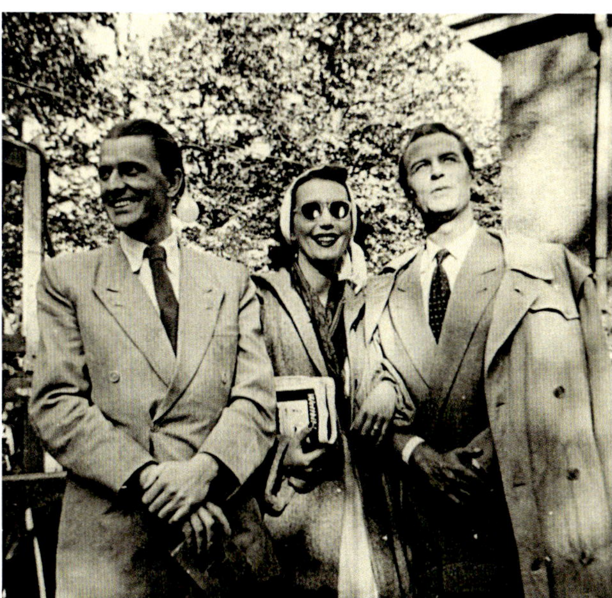

Foto 9: Gert Wilden, Elisabeth Heymann, O. W. Fischer während der Dreharbeiten zu „Heidelberger Romanze“, 1951

Fast so klein wie ich: Friedrich Hollaender

Friedrich Hollaender[7] war häufig bei uns zu Gast, sowohl in München als auch in Locarno, wo wir ein kleines Häuschen gemietet hatten. Als ich Onkel Friedl das erste Mal wahrnahm, war ich sehr fasziniert: So einen kleinen Erwachsenen hatte ich noch nie gesehen – und gleichzeitig so ein altes trauriges Gesicht. Ich fragte meinen Vater, ob er ein trauriger Clown vom Zirkus sei. Mein Vater meinte, in irgendeiner Art und Weise schon, aber in erster Linie sei er ein Komponistenkollege und einer seiner ältesten Freunde. Sie waren noch nicht mal 20, als sie sich kennengelernt hatten, und waren gleich alt. Ob er damals auch schon so klein war, wollte ich wissen, aber an so ein wichtiges Detail konnte sich mein Vater nicht erinnern.

Also schloss ich: Wenn jemand nicht wesentlich größer ist als ich, dann spielt er sicher gerne mit dir. Aber da hatte ich mich getäuscht: Was ich auch anstellte, er war lieber am Klavier oder tauschte sich mit meinem Vater aus, dem er sehr verbunden war. Immerhin.

Seine Frau Berthe war ebenfalls oft bei uns; ich erinnere mich an gemeinsam verbrachte Weihnachtsfeste. Berthe Hollaender war eine sehr aparte Frau. Oft trug sie die hochmodischen Twinsets, in allen Farben, meist mit einer schönen Perlenkette um den Hals. Die Drehbücher, die mein Vater nicht mehr brauchte, bekam ich als Malbücher. Darin war jede zweite Seite leer und wollte von mir bemalt werden. Meine Mutter hatte die Modezeitschrift MADAME abonniert. Das regte mich

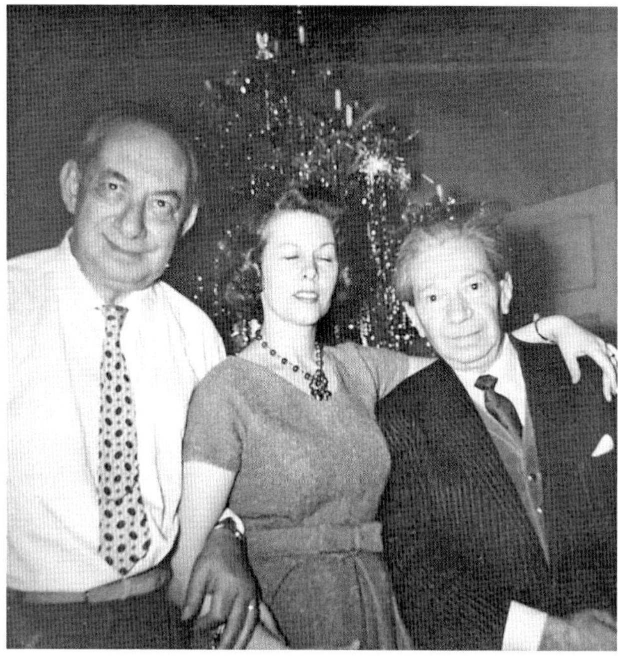

Foto 10: „Oh du fröhliche ...“ – Heymann, Berthe und Friedrich Hollaender, Weihnachten 1957

an, eine eigene Zeitung zu kreieren. Ich zeichnete Damen in Twinsets und anderer modischer Kleidung in meine eigene Mode-Drehbuch-Zeitschrift.

Berthe schien selten glücklich und tauschte sich oft intensiv mit meiner Mutter aus. Ich bekam mit, dass ihr Mann Friedl sich für sehr junge Frauen – Zahnspangen-Mädchen, wie sie sie nannte – interessierte und weniger für sie. So ist das also, dachte ich mir, er interessiert sich doch für Mädchen, aber nur für solche mit Zahnspange. Ich wollte auch eine, aber der Zahnarzt meinte, meine Zähne seien gesund und schön. Da war nichts zu machen, Friedl Hollaender war und blieb der Freund meines Vaters, meiner wurde er nicht.

Mein bester Kunde: Franz Schulz-Spencer

Zu Weihnachten 1957 bekam ich einen Kaufladen geschenkt. Der stand auf dem Boden und bot ausgesuchte Waren an: Obst, Gemüse, Gebäck, Süßigkeiten, aber auch Waschmittel und Schulartikel, alles in Miniatur. Das Obst war aus Marzipan. Da ich Marzipan nicht mochte, konnte ich lange damit spielen. Ich aß es nicht, und weil es dadurch alt wurde, aßen es meine Mitspieler schließlich auch nicht mehr. Mein eifrigster Kunde war Franz Schulz-Spencer, an den ich seit Jahrzehnten nicht gedacht hatte, bis ich seine Biographin, Ginny von Bülow, traf. Es war auf der Premiere eines Theaterstücks, das auf der Grundlage des Films „Die Drei von der Tankstelle" entstanden war. Drehbuchautor des Films, einer der ersten und meistgespielten Tonfilmoperetten, war eben Franz Schulz-Spencer[8] gewesen. Als Ginny von Bülow über Schulz-Spencer schrieb, war sie gar nicht auf die Idee gekommen, mich nach ihm zu fragen, denn in den 1930er Jahren war ich noch nicht auf der Welt und dass er in den 1950er Jahren häufig bei uns zu Gast war, wusste sie nicht. Außerdem meinte sie, dass er mit Kindern nichts am Hut gehabt habe. Aber nein, das stimmte gar nicht! Er spielte ganz wunderbar mit mir und hatte große Phantasie für spontane Szenen.

Er kaufte nicht nur viel bei mir ein, sondern machte auch Bestellungen, so dass ich das Sortiment meines Kaufladens stets erweiterte und dabei auch Waren auswechselte. Gleichzeitig war er aber auch mein Lieferant und brachte mir neue (alte) Produkte, sonst wäre ja mein Laden schnell leer gewesen.

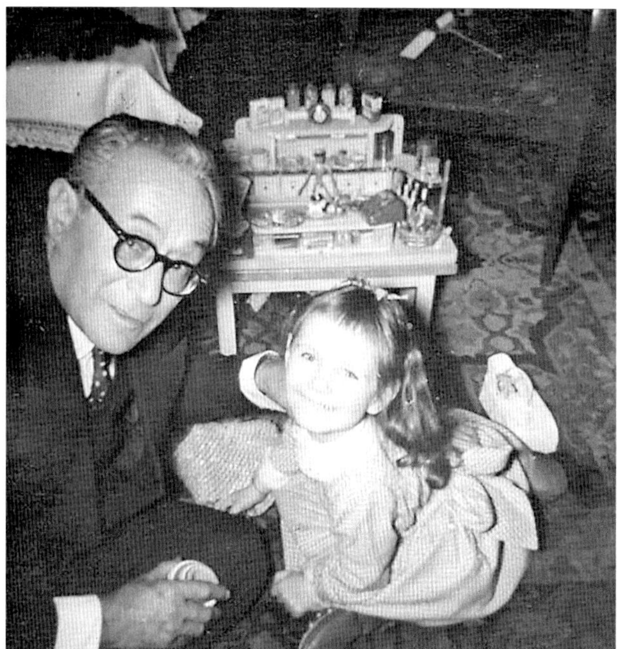

Foto 11:
Mit Franz Schulz-Spencer nach dem Verkaufsgespräch

Wir führten interessante Verkaufsgespräche: Er wollte zum Beispiel seine Ware verpackt haben oder von meinem Spielzeug-Bagger geliefert bekommen oder auf meinem Puppengeschirr gleich serviert haben. Auch mein Vater kaufte bei mir ein. Als er allerdings Notenpapier wollte, wurde eine Vorbestellung nötig, denn das musste ich erst herstellen.

Margot Hielscher: Das soll ein Königspudel sein?

Am Heiligen Abend schmückte meine Mutter immer den Weihnachtsbaum im Esszimmer, das für mich dann tagsüber verboten war. Erst am Abend durfte ich es betreten. Als ich fünf Jahre alt war, öffnete sich die Tür des Weihnachtszimmers, und ich sah meinen Vater unter dem Baum sitzen. Er lächelte sein breitestes Lächeln und hielt auf seinem Schoß einen wunderschönen Stoffhund. Ich stürzte mit vorgestreckten Armen auf ihn zu und erschrak, denn auch der Stoffhund hatte sich erschrocken und zuckte mit dem Kopf zurück. Er war lebendig! Ein quirliges braunes Fellchen mit vier Beinen, ein brauner Königspudel! Mir zur höchsten Freude und meinem Vater eine schmerzlich-tröstliche Erinnerung an den Königspudel seiner Berliner Jahre. Unser Pudel hieß Bessy und wurde nicht übertrieben geschoren; auch der wedelnde Schweif blieb lang. Jedoch wünschte meine Mutter, dass Bessys Haupthaare wie eine kleine Tolle zu Berge stehen sollten, was meist nur für kurze Zeit nach dem Bürsten gelang. Schnell fiel die Pracht wieder zusammen, die Haare hingen ihr über die Augen, und so nannten wir unseren Pudel „Bessy Flachkopf".

Eines Tages waren meine Eltern kurz einkaufen gegangen, denn es fehlte noch etwas fürs Mittagessen, zu dem die Sängerin Margot Hielscher[9] eingeladen war. Bessy versuchte, mich fragend anzuschauen: Was spielen wir jetzt? Da aber die herabfallenden Löckchen ihre schönen Augen verschleierten, fand ich, dem armen Hund müsse geholfen werden.

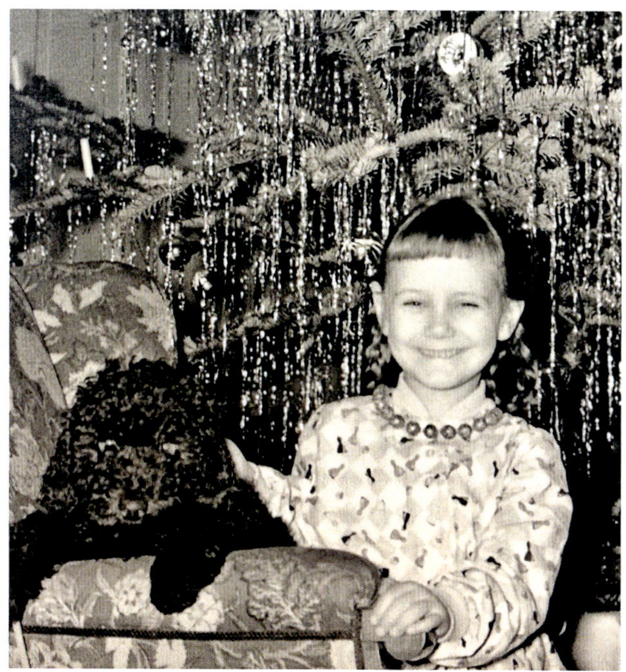

Foto 12: Bessy, Weihnachten 1957

Kurz entschlossen band ich Bessy an die Leine und diese an die Heizung. Dann holte ich vom Schreibtisch meines Vaters die große Papierschere und fing an, die vielen Haare zu kürzen und ihre Augen freizulegen. Der Hund fühlte sich beruhigt und hielt still, was wahrscheinlich sein Augenlicht und noch mehr rettete. Da ich mit der großen Schere aber immer wieder schiefe Bahnen schnitt, wurde Bessys Haupthaar kürzer und kürzer, bis ihr Kopf wie ein geschorener Schafskopf aussah. Ich fand das auch nicht schön, aber immerhin praktisch. Vor allen Dingen konnte Bessy jetzt ungehindert sehen. Ich versicherte ihr, sie sei wunderschön, räumte die Schere weg und befreite den Boden von den vielen Hundehaaren. Bevor ich mir Gedanken machen konnte, wie wohl meine Eltern das Ergebnis meiner Schnittkunst finden würden, waren sie auch schon wieder in der Wohnung, wo sie eine erfreute Bessy und eine etwas unsichere Tochter begrüßten.

Meine Mutter war entsetzt und schrie laut herum. Mein Vater meinte, es sei doch ganz einfach, nach dem Essen würde auch ich an die Heizung gebunden und meine Haare würden mit der Papierschere abgeschnitten. Dass er einen Witz machte, um mich zu erheitern und meiner Mutter zu signalisieren, dass ihre Aufregung etwas übertrieben sei, verstand ich damals noch nicht. – Es läutete, Margot Hielscher kam zu Besuch. Bessy spürte die Disharmonie und verzog sich gleich, nachdem sie den Gast nur leicht wedelnd begrüßt hatte. Wir saßen bei einem sicher köstlichen Essen, aber die Konversation blieb stockend. Nach einiger Zeit meinte Margot Hielscher: „Kinder, was ist hier eigentlich los?“ Meine Mutter sagte: „Die Kiki hat unserem schönen Königspudel die Tolle abgeschnitten!“ Darauf Margot Hielscher erstaunt: “Was? Das soll ein Königspudel sein?“

Coca-Cola

Nach 18 Jahren in den USA war mein Vater wieder nach Deutschland zurückgekehrt und musste beobachten, dass ein paar – wie er meinte – Unsitten der Staaten ins damals noch biedere Europa herüberschwappten. So kamen zu den üblichen Geboten und Verboten meiner Kindheit noch zwei Extra-Verbote hinzu. Ich sollte auf Kaugummi und auf Coca-Cola verzichten. Das Kaugummi-Verbot verstand ich gar nicht. Er meinte, es wirke dümmlich, wenn Menschen wiederkäuend durch die Gegend liefen. Ich fand es lässig und sehr aufregend, aus der Gummimasse riesengroße Blasen zu kreieren, die manchmal über mein gesamtes Gesicht platzten. Es war allerdings einfach, in seiner Gegenwart auf das schmatzende Kauen und Blasen-Schlagen zu verzichten. Das Coca-Cola-Verbot verstand ich schon eher, die viele Kohlensäure, der Zucker, die aufputschenden Inhalte.

Als ich eines Tages bei Nachbarn auf einem Kindergeburtstag war, gab es als Getränk entweder Coca-Cola oder Wasser. Es war ein Doppelgeburtstag, der meiner Klassenkameradin Cord und der ihrer um fünf Jahre älteren Schwester Babsi. Flotte Tanzmusik spielte, die Petticoats von Alt und Jung wippten im Takt, und die „Größeren" unter den Gästen tranken nahezu ausnahmslos Coca-Cola. Das reizte sehr ... Ich kam mir ungeheuer erwachsen vor, als ich mir wie selbstverständlich eine kleine Cola-Flasche schnappte und sie mit Hilfe eines Strohhalms nach und nach leerte. Geschmeckt hat es mir nicht; ich musste auch noch peinlich oft aufstoßen, kam mir aber dennoch um Jahre reifer vor. Das Ganze hatte eine derartige Bedeutung für mich, dass ich es zu Hause trotz des

Verbots meinem Vater erzählen *musste*: „Papi, erlaubst du mir, Coca-Cola getrunken zu haben?", kürzte ich das Erlebte ab.

Es geschah etwas Außergewöhnliches: Statt erzieherisch zu schimpfen, wirbelte mich mein Vater durch die Luft und meinte: „Für diesen Satz darfst du Coca-Cola getrunken haben." Ich war gerade mal sechs Jahre alt und wieder das glückliche Kind.

Lilian Harvey

Mai 1957: Familie Heymann war auf dem Weg nach Cannes zu den Filmfestspielen. Meine Eltern nutzten diese Einladung für eine ausgedehnte Frankreich-Reise. Der erste längere Aufenthalt war in Antibes, wo Lilian Harvey[10] auf ihrem Anwesen „Le chemin du paradis“ lebte, so genannt nach dem französischen Titel von „Die drei von der Tankstelle“. Sie selbst bewohnte darin eine weitläufige Villa, genannt „Villa Asmodée“; an uns hatte sie ein Häuschen gleich nebenan vermietet.

Während meine Mutter mit dem Einrichten unseres Feriendomizils beschäftigt war, gingen mein Vater und ich hinüber, um Lilian Harvey zu begrüßen. Ihre Villa erschien mir ebenso riesig wie unheimlich. Alle Fenster waren verdunkelt, nur spärlich drang das schöne Licht der Frühlingssonne herein. Lilians Haushälterin, Pitty Wirth, empfing uns, und wir wurden in eine Art Diele gesetzt, um dort auf Lilian zu warten. Schweigend schauten wir uns um, das Haus wirkte auf uns beide beklemmend und es herrschte eine bedrückende Stille. In einer Ecke gegenüber stand ein ziemlich kaputter Korbstuhl. Ich flüsterte verschwörerisch meinem Vater zu: „Gell Papi, der Stuhl da drüben ist auch schon tot …“ Schallendes Gelächter meines Vaters war die Antwort.

Dann endlich erschien Lilian Harvey oben auf dem Treppenabsatz. Wie aus einer anderen Zeit kommend, schritt sie in einem langen weißen Kleid langsam die Treppe herunter. Ihre zarte, fast durchsichtige Gestalt schien jugendlich, ihre Bewegungen waren anmutig. Doch blickte mich ein altes Gesicht mit bedrohlich dunklen Augenbrauen an. Ich war sehr faszi-

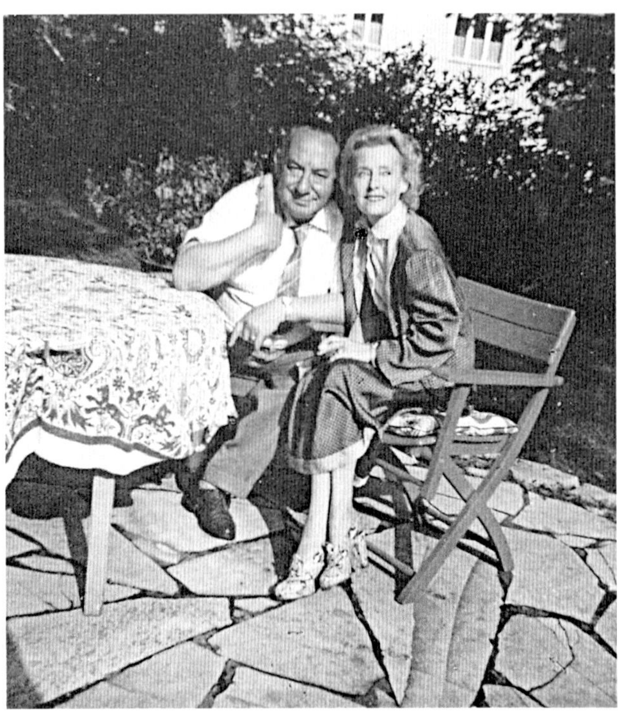
Foto 13: Werner Richard Heymann und Lilian Harvey

niert, aber auch froh, an der schützenden Seite meines Vaters zu sein. Die beiden begrüßten einander sehr herzlich. Ich spürte die alte Verbundenheit und die Freude, einander nach langer Zeit wiederzusehen.

Was war das für ein Name, den sich Lilian Harvey für ihre Villa ausgesucht hatte? Asmodée war doch ein Dämon ... Er schien auch auf unseren Aufenthalt nebenan einzuwirken, der um einiges länger dauerte als geplant. Schwierigkeiten von Anfang an: Da wir einige Wochen unterwegs sein wollten, sollte ein Teil des Gepäcks mit der Bahn kommen, dafür waren wir zu viert im Auto, samt Kindermädchen. Nun, erstmal kam mit Verspätung nur ein Teil des Gepäcks an; zudem entschied das Kindermädchen, sich von uns zu trennen.

Anfangs ging ich mit ihm noch zum Baden und Spielen an den nahegelegenen Strand. Ich wunderte mich, dass so viele Kinder mit roten Punkten herumliefen. Da ich aber nie kontaktscheu war, spielten wir trotz des fremden Französisch bald gemeinsam im Sand, plantschten, tauschten Spielsachen, umarmten und küssten uns. Kurz darauf hatte ich die Windpocken, und das Kindermädchen war auf und davon. Es juckte schrecklich. Ein Doktor kam mit einer blauen Tinktur, mit der er mich am ganzen Körper betupfte. Ich sah sehr französisch aus: bleu – blanc – rouge.

Als das Fieber weg war, durfte ich immerhin in den Garten. Langweilig, dachte ich, aber nein: Da war ein kleines Häuschen, das ganz genauso gebaut war wie unser Ferienhaus. Ich war

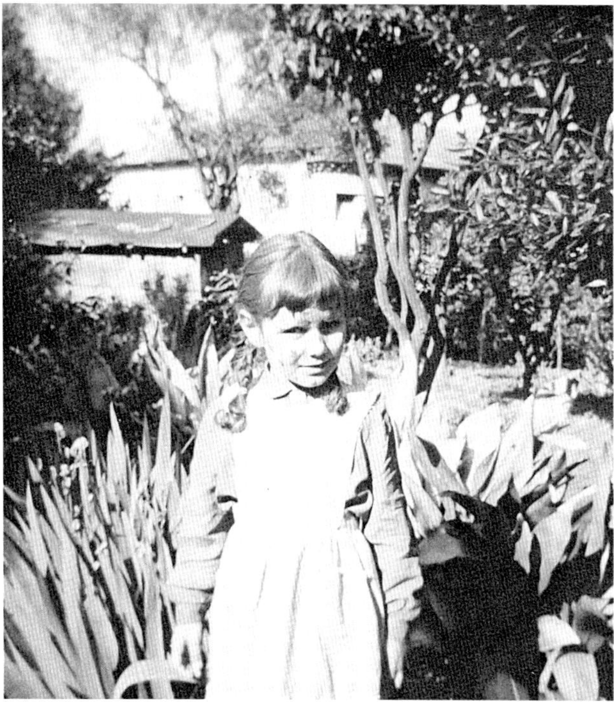

Foto 14: Kiki mit Windpocken in Harveys Anwesen „Le chemin du paradis", Antibes

entzückt, musste aber feststellen, dass es nicht für mich frei, sondern von zahlreichen gackernden Hühnern besetzt war. Also, Hühner können frei laufen oder haben einen Hühnerstall, aber doch kein eigenes Häuschen! Irgendwie musste ich ihnen beibringen, dass es sich bei ihrer Behausung eigentlich um ein Kinderhaus handelte und sie nichts da drinnen zu suchen hatten. Asmodée gab mir offenbar folgenden Plan ein, den ich genial fand. Ich streute Körnchenfutter ins Hühnerhaus, um alle Hühner ins Innere zu locken. Als das gelungen war, schloss ich die kleine Tür und sperrte das laut gackernde Federvieh ein. Meine Überlegung war: Wenn sie eine Zeitlang eingesperrt waren und ich danach das Türchen wieder öffne, werden sie froh sein, aus dem Häuschen ins Freie zu kommen. Dann hätte ich für mich, was doch wohl für mich geschaffen war, ein eigenes Kinderhaus. Die dummen Hühner könnten sich ja andere Plätze zum Eierlegen suchen.

Es kam anders: Die eingesperrten Hühner gackerten und schimpften derart laut, dass die Angestellte von Lilian Harvey nachschauen kam. Sie war entsetzt und sagte, ich sei ein böses Mädchen, das Tiere quäle. Ich konnte ihr und auch sonst niemandem erklären, dass das Ganze ein genialer Plan war. Ich war unglücklich: Weder hatte ich mein Ziel erreicht, noch hatte mich irgendjemand verstanden.

Bald darauf sah auch meine Mutter „französisch“ aus; sie hatte die Windpocken und bekam hohes Fieber. Ich selbst wurde rasch gesund und ging wieder in den Garten. Zeitlebens habe ich mich gefragt, warum so viele Menschen glauben, Einzelkinder seien verwöhnt. Ich empfand es als traurig, mich so oft ganz alleine beschäftigen zu müssen. Ich war als Kind hellsichtig – phantasievoll würden die meisten sagen. Ich spielte mit Geistern, Elfen, Zwergen, Kobolden – und hatte so viele Freunde. Man hörte mich laut mit ihnen sprechen; ihre Antworten konnte aber nur ich hören und verstehen. Meine

Eltern ließen mir meine kleine Lichtwelt, die mit dem Älterwerden ohnehin großteils verschwand.

Außer den kleinen Geistern und den Hühnern gab es da noch ein Loch im Zaun, durch das ich in den Nachbargarten schlüpfen konnte. Es war immer eine Mutprobe, mich ungesehen der Villa Asmodée zu nähern, wo Lilian mit dem toten Korbstuhl wohnte. Dort gab es auch eine dicke Hündin. Eines Tages war ihr Bauch auf einmal nicht mehr rund. Angeblich waren daraus einige kleine süße junge Hundchen gekommen – sehr interessant! Mir war klar, dass Hundebabys am liebsten mit einem Menschenkind spielen. So schlüpfte ich täglich durch das Loch im Zaun und durfte mit den Hundekindern spielen. Unser Aufenthalt nahm also ein gutes Ende, denn auch meine Mutter wurde wieder gesund, und die Reise ging weiter, über Cannes nach Paris. Dort bekam sogar mein bereits betagter Vater ein paar wenige, kaum juckende Windpocken, was ihn sehr erheiterte, denn er war stolz, noch nicht zu alt für eine Kinderkrankheit zu sein.

Ein norddeutscher Jung': Hans Albers

Hans Albers[11] war öfter bei uns, aber außer dass er groß und auch laut war, ist davon bei mir nichts hängen geblieben. Ein Besuch bei ihm hat mich allerdings bleibend beeindruckt. Es war ein grauer kühler Tag im Herbst, ich hatte bereits mein Dufflecoat-Wintermäntelchen an, das mir der Textdichter Armin Robinson[12] geschenkt hatte. (So sehr hatte ich mich über diesen Mantel gefreut, dass er meinte, von nun an sei er für meine Bemantelung zuständig, und er ernannte sich selbst zu meinem „Mantelonkel".)

Hans Albers hatte ein schönes (für mich kleines Mädchen waren alle Häuser groß) sehr großes Haus am Starnberger See in Hanglage. Bei unserem Eintreffen wurden wir laut und freundlich begrüßt. Es waren mehrere Gäste und einige Freunde meines Vaters dort, die sich alle gut kannten und unterhielten.

Meine Mutter und ich durften Albers hinunter zum kleinen Seehäuschen (es war selbst für mich klein!) begleiten. Er trug – was ich bei der herbstlichen Witterung und im Freien komisch fand – einen Bademantel; auch deshalb ging ich neugierig mit an den See. Dort entledigte er sich des Mantels, sprang bei gefühlt eisigen Temperaturen ins Wasser, schwamm laut schnaufend und wild fuchtelnd ein paar Züge auf den See hinaus und zurück.

Nachdem er wieder abgetrocknet war, gingen wir in das Seehäuschen; er öffnete einen kleinen Schrank und holte eine Flasche Schnaps heraus, nicht ohne meiner Mutter und mir (brrrr) einen Schluck anzubieten. Meine Mutter lehnte für uns beide dankend ab, er selbst aber nahm aus der „Pulle“ einen großen Schluck. Ich staunte ihn schon die ganze Zeit an, da meinte er: „Na, lütte Dearn, da kannste mal sehn, was so ein norddeutscher Jung' alles kann.“ Offensichtlich war ihm pudelwarm; ich aber war froh, bald wieder bei den Anderen im Warmen zu sein.

Kommt ein Vogel geflogen: Kurt Schwabach

Kurt Schwabach[13] erklärte mir, der Fünfjährigen, er wolle mich heiraten. Dass er ungeniert mit meiner schönen Mutter flirtete, war mir gar nicht recht. Da sie aber schon vergeben war, versuchte er es bei mir. So lagen also die Dinge.

Er fing mit der Werbung klug an und fragte mich, ob er mir was schenken dürfe. Ob ich mir etwas wünschen würde. Oh ja, ich hatte einen großen Wunsch, ein Vogelhäuschen für unseren Münchner Küchenbalkon. Dort könnte ich all die lieben Vöglein füttern und hätte viel fröhlichen Besuch zu erwarten. Er nahm den Wunsch entgegen, machte dann aber einen entscheidenden Fehler. Er schenkte mir, mitsamt Käfig, einen Wellensittich. Der hatte auch noch den blöden Namen Hansi-Piepsi und wurde in mein Zimmer gestellt.

Hansi-Piepsi wohnte also bei mir und er war laut, von Anfang an war es eine gestörte Beziehung. Er quatschte ununterbrochen und ich konnte einfach nicht „in Ruhe spielen“. Um ihn ruhigzustellen, warf ich eine dunkle Decke über seinen Käfig, denn dann glaubte er, es sei Nacht und hielt den Schnabel. Allerdings schlief er deshalb tagsüber zu viel und machte nachts gequälte Pieps-Geräusche, weil er wach wurde, obwohl es dunkel war.

Ein weiterer Versuch, ihn zum Schweigen zu bringen, bestand darin, ihm die Freiheit zu schenken. Ich ließ ihn aus dem Käfig heraus. Tatsächlich war er ganz still und flog fröhlich im Zimmer herum, um das Terrain zu erkunden. Uns war beiden geholfen, doch meine Mutter sah das anders. Sie meinte, dass er alles vollsch… und man ihn nie wieder in den Käfig bekommen würde. Dennoch schaffte sie es, ihn wieder in sein Gehäuse zu sperren. Sie gurrte vor sich hin und gab hohe Pieps-Töne von sich. Hansi-Piepsi fühlte sich angesprochen, setzte sich auf ihre ausgestreckte Hand und ließ sich zurück in den Käfig setzen. Mir wurde strikt verboten, ihn je wieder rauszulassen. Damit ihm nicht so langweilig war, bekam er einen Spiegel und schmuste laut gurrend mit seinem Ebenbild. Also schon wieder Geräusche …

Zwischendurch kam uns Kurt Schwabach besuchen und fragte nach, wie es um seinen Antrag stehe. Ich sagte erstmal, ich könne ihm das jetzt nicht erklären, weil mich der Vogel zu sehr in Anspruch nehme. Hansi-Piepsi quatschte immer weiter. Dabei weigerte er sich, wenigstens richtige Wörter zu lernen; also ließ ich ihn trotz des Verbots wieder frei. Wir hatten einen Waffenstillstand geschlossen. Wenn er freiwillig wieder in den Käfig flog, schenkte ich ihm Freiflüge in meinem Zimmer, und so durfte er tagsüber wach bleiben und nachts schlafen. Interessanterweise verstand er das und kehrte tatsächlich nach einiger Zeit immer wieder in seinen Käfig zurück, wo sein Spiegelbild und seine Hirsewurst warteten. –

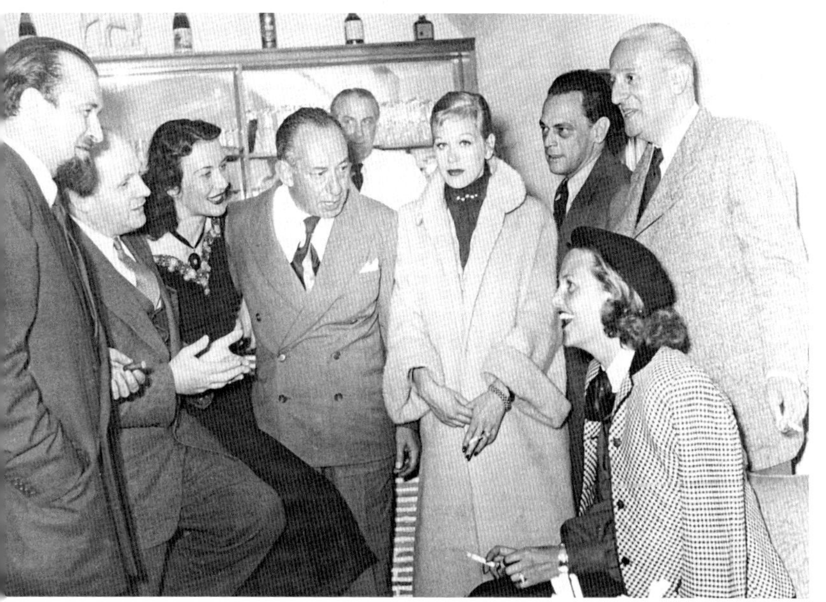

Foto 15: Arthur Maria Rabenalt (2. v. l.), Elisabeth und Werner Richard Heymann, Hildegard Knef, Margot Hielscher, Kurt Schwabach (1. v. r.), Filmpremiere „Alraune" 1952

Normalerweise kam viele Stunden am Tag niemand in mein Zimmer. Eines Tages aber hörte ich meine Mutter nahen; der Vogel hopste am Boden herum und, um meine Missetat zu vertuschen, warf ich ein großes Handtuch über ihn. Weg war er, nur eine kleine Erhebung ließ noch etwas von ihm ahnen. Meine Mutter kam ins Zimmer und sah leider gleich die offene Käfigtüre: „Was hast du mit dem armen Hansi-Piepsi gemacht?" Ich zeigte betroffen auf das Handtuch, nahm es auf und versuchte, ihn in den Käfig zu drücken. Piiieps!!! Mutter war entsetzt und schimpfte.

Am nächsten Tag war ich Hansi-Piepsi los. Unsere Putzfrau war entzückt, dass sie einen Wellensittich geschenkt bekam. Doch als Frau für Kurt Schwabach kam sie ja auch nicht in Frage. Dem hatte ich all diese Probleme zu verdanken. Als er wieder einmal bei uns war und trotz des Vogeldramas sein Werben nicht aufgab, nahm ich mir Zeit für ihn und erklärte ihm die Sachlage: Ich würde ihn niemals heiraten können. Denn: „Wenn ich groß bin, heirate ich meinen Papi und wenn ich ihn fertig geheiratet habe, dann heiratet er mich.“ Da hat er endlich verstanden ...

Supercortemaggiore – der kleine Drachenhund mit sechs Beinen

Meine Eltern waren viel auf Reisen. Wenn ich dabei war, fuhren wir meistens mit dem eigenen Auto. Es war ein schöner Opel Kapitän, den wir viele Jahre hatten, hellblau mit weißem Dach und Weißwandreifen. Das Auto hieß LeonCavallo, denn vorne passte ein kleiner hellblauer Löwe mit weißer, gelockter Mähne auf uns auf, hinten ein rotes Pferdchen mit schwarzen Haaren und Schweif. Selbstverständlich waren diese Plastiktierchen meine Freunde, denn nur ich konnte mit ihnen reden und sie auch verstehen. Ich dachte mir aber immer, dass mein Vater sie wohl auch verstehen musste, denn sonst hätte unser Auto sicher nicht diesen passenden Namen bekommen.

Meine Eltern hatten immer viele Landkarten und den Guide Michelin bei sich. Die Reiserouten wurden klug und sorgfältig gewählt. Immer war etwas Schönes zum Besichtigen dabei, Kultur oder Natur abwechselnd. Auf einer dieser genau ausgetüftelten Wegstrecken durch Italien wollte uns eine Baustelle zum Umkehren zwingen. Mein Vater schaute sich die Lage genauer an und sah keinen Grund, trotz des Fahrverbots die Baustelle nicht zu passieren. Wir fuhren also weiter auf einem unasphaltierten, staubigen Schotterstraßenstück, als wir ein paar Bauarbeiter sahen, die eher lustlos am Straßenrand arbeiteten. Als sie uns sahen, war diese Lustlosigkeit wie weggeblasen, und einer von ihnen brüllte meinen Vater, der am Lenkrad saß, lautstark auf Italienisch an … wohl in dem Sinn, was fällt Ihnen ein, trotz des Verbots die Baustelle zu befahren? Mein Vater hörte sich bei heruntergekurbeltem Fenster den Redeschwall entspannt an und wartete. Als der Bauarbeiter fertig war und offenbar nicht wusste, was er noch sagen sollte, stieg mein Vater langsam aus dem Auto, baute sich vor dem schimpfenden Menschen auf und sagte zischend und messerscharf akzentuiert: SUPERCORTEMAGGIORE!

Die Bauarbeiter dachten sicher, sie hätten es mit einem Verrückten zu tun, winkten uns durch und ließen uns ungehindert weiterfahren.

Was hatte mein Vater da gerufen? An allen Agip-Tankstellen prangt bis heute als Logo ein schwarzer sechsbeiniger Drachenhund mit roter Feuerzunge. Damals, in den 1950er Jahren, stand darunter noch: SUPERCORTEMAGGIORE … was wohl heißen sollte, dass Agip-Benzin aus allen Autos unbesiegbare Rennwagen machen würde. Mein Vater, selbst ein großer Wortschöpfer, liebte dieses lautmalerische Kraftwort, und seine Freude war riesengroß, es endlich einmal anbringen zu können. Ich dachte mir, dass wir sicher Agip im Tank hatten und es nicht nur meinem Vater, sondern auch diesem Umstand verdankten, dass wir weiterfahren konnten. Es war der Beweis, wie stark dieser sechsbeinige Drachenhund tatsächlich war ...

Foto 16: Mein „Opel Kapitän“

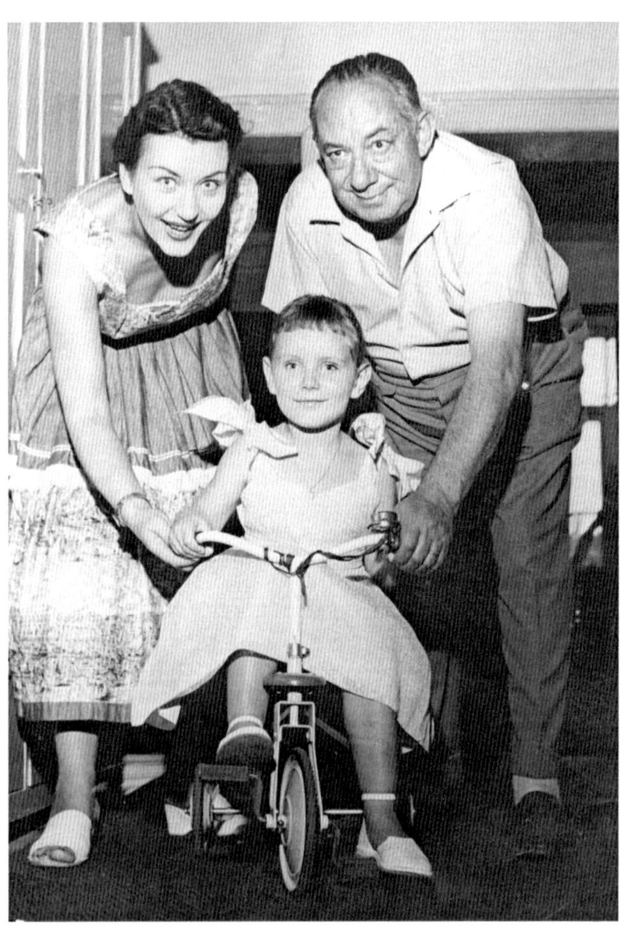

Verweigerter Handschlag

Ich war ein wohlerzogenes Kind und wusste, dass man sich bei der Begrüßung die Hand gab. Als mich mein Vater einmal auf eine größere Münchner Gesellschaft mitgenommen hatte, kam ein Mann auf ihn zu, sprach ihn an und streckte die Hand zur Begrüßung aus. Mein Vater antwortete ihm zwar, aber die Hand des Anderen ergriff er nicht. – Ich war verwirrt. Das konnte doch nicht sein, das war sehr unhöflich! Kaum waren wir allein, fragte ich: „Papi, Papi, warum hast Du dem Mann nicht die Hand gegeben?" „Das war ein übler Nazi", antwortete er. Und erklärte mir später, dass es auch Menschen gab, die Schlimmes gesagt und getan hatten. So begannen meine Lektionen in deutscher Geschichte.

Kippa

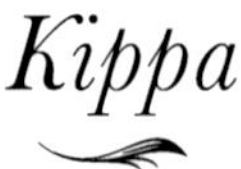

Wenn es kalt war, trug mein Vater ein, wie er es nannte, Barett; das war eine Baskenmütze. Natürlich nur im Freien, denn in der Wohnung hat man ja nichts auf dem Kopf. Ganz selten aber doch. Das war dann ein Tag, an dem es zu Hause ungewohnt ruhig blieb, keine Musik erklang und keine Gäste kamen. Wozu gut war, was er da auf dem Kopf hatte, war mir nicht klar. Die dunkelblaue runde und viel zu kleine Scheibe konnte weder wärmen noch schützen. Er nannte sie Kippa, und ich fragte nicht weiter. Als ich größer wurde, lernte ich, es war Jom Kippur. Er trug diese Kippa manchmal auch, wenn er über den Tod eines lieben Freundes traurig war. Dann saß er im Halbdunkel an seinem Schreibtisch und redete in einer fremden Sprache. Wie mir meine Mutter erklärte, spreche er auf Hebräisch ein Gebet, das Kaddisch.

Mein Vater war gottgläubig, kannte sich in Bibel, Christentum und Judentum bestens aus, aber er gehörte keiner Religion an. Wie ich später erfuhr, entstammte er nicht nur einer assimilierten jüdischen Familie, sondern war auch mit acht Jahren evangelisch getauft worden. Das, weil Onkel Moritz Simon, ein Bankier und sehr wohlhabendes einflussreiches Familienmitglied, geträumt hatte, es käme einer nach Deutschland, der alle Juden verbrennen würde. Um das Fortbestehen der Familien zu retten, bestand er darauf, dass immer einer getauft werden solle, um der Vernichtung zu entgehen. Dass selbst das nichts nützen würde, hatte sich selbst Onkel Moritz nicht vorstellen können.

Als die Ufa im März 1933 allen jüdischen Mitarbeitern kündigte, machte man meinem unentbehrlich erscheinenden

Vater als einzigem ein Bleibeangebot, u. a. mit der scheinheiligen Begründung, dass er dem evangelischen Glauben angehöre. Hätte sich mein Vater darauf eingelassen, wäre ihm die Taufe teuer zu stehen bekommen.

Reifenpanne mit Mischa Spoliansky

Von wo kamen wir? Wohin genau fuhren wir? Ich weiß es nicht mehr, aber ich erinnere mich an eine Landstraße und schöne Ausblicke auf Weinberge. Meine Mutter saß am Steuer, neben ihr mein Vater; hinten saßen Mischa Spoliansky[14], ein alter Freund meines Vaters, der komponierte und spielte Klavier wie er, und daneben ich. Die Gespräche gingen um Wein und welche Sorte hier wohl besonders gut wachsen würde. Meine Mutter sagte zu mir: „Wir fahren die Weinstraße entlang." Ich sah zwar Weinberge, aber die Straße bestand nicht aus Wein, das hätte geplatscht und gerochen, sondern war wie jede Straße geteert. Das fand ich langweilig, also träumte ich mich in die Landschaft hinein.

Plötzlich rumpelte das Auto und fuhr einen Zickzack; das hatte meine Mutter sichtlich so nicht gewollt. Sie hielt am frisch geteerten Straßenrand an. Wir stiegen alle aus und stellten einstimmig fest, dass es sich um eine Reifenpanne handelte, einen Platten am hinteren Reifen. Nahezu gleichzeitig hoben Mischa und mein Vater ihre geöffneten Hände vor die Brust und meinten, Pianistenhände seien sehr empfindlich und in jedem Fall für einen Reifenwechsel ungeeignet. Um dennoch Interesse am Malheur zu zeigen, breiteten beide Zeitungspapier um den kaputten Reifen aus. Der Teer war noch nicht ganz trocken, und sogleich klebten unsere Schuhsohlen. Das Zeitungspapier wiederum klebte am Boden, und da wir darauf getreten waren, klebte das Papier auch an unseren Schuhen. Alle hatten auf einmal Riesenfüße. Die Männer fanden das urkomisch, meine Mutter – auch das noch! – war alles andere als erfreut. Ich war begeistert, so etwas Tolles hätte ich mir in meinen Träumen gar nicht ausdenken können.

Mein Vater und Mischa meinten, es sei wohl das Beste, sie machten sich auf den Weg, um eine Tankstelle zu suchen und Hilfe zu holen. Sie entfernten sich mit ihren riesigen Zeitungsfüßen, die nach und nach ihre Blätter verloren, bis sie aus dem Blickfeld verschwanden. Nun stand meine Mutter – jung und auffallend schön, daneben ein kleines ratloses Mädchen – am Straßenrand und winkte den vorbeifahrenden Autos. Nach kürzester Zeit blieb ein netter junger Mann stehen. Im Nu wechselte er den Reifen und scherzte dabei mit meiner inzwischen wieder entspannten Mutter. Sie dankte wortreich, und er fuhr nach getaner Arbeit weiter.

Mischa und mein Vater aber waren weit und breit nicht zu sehen. Da wir nicht wussten, wohin sie gegangen waren, warteten wir, nachdem wir unsere Zeitungsfüße abgestreift hatten, im Auto. Wir sangen Kinderlieder und meine Mutter erfand hübsche Geschichten, bis endlich die beiden Herren erfreut daherkamen. Zwischen sich trugen sie eine Kiste Wein. Eine Tankstelle hatten sie keine gefunden, aber eine nette Weinhandlung. Dort hatte man ihnen geraten, vorbeifahrenden Autos zu winken und um Pannenhilfe zu bitten. Nun saßen wir alle wieder glücklich im Auto und erzählten für den Rest der Fahrt, wie lustig Pannen sein können, wenn sie gut ausgehen.

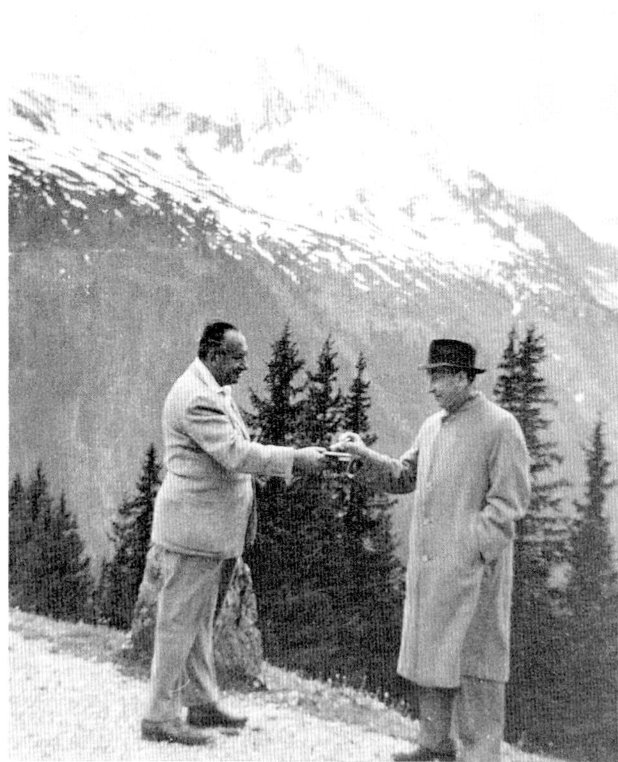

Foto 17: Vertauschte Rollen: Der Raucher Heymann hält dem Nichtraucher Spoliansky den Aschenbecher hin

Helen Vita, die sterbende Ziege

In der Münchner Steiner-Schule stand oft Theater auf dem Programm. Bei vielen Gelegenheiten, in allen Sprachen. So kam es, dass ich für eine Theateraufführung im Englischunterricht eine wichtige Rolle als Ziege bekam. Ich hatte „ziegig“ ein paar englische Sätze zu sprechen und dann, von einem großen Stein getroffen, zu sterben. Was für ein Drama, für die Ziege und für ein Mädchen im Volksschulalter.

Als ich zu Hause von diesem außergewöhnlichen Ereignis erzählte, meinte meine Mutter in Anwesenheit der Schauspielerin und Sängerin Helen Vita[15], dass diese mir sicher bei der Gestaltung der Rolle helfen könne. Ich stand abwartend am Türrahmen, die beiden Freundinnen hatten noch etwas zu besprechen, als sich Helen Vita zu mir drehte und mich ernst und lange ansah. Dann meinte sie mit einem Seufzer: „Es ist ein Jammer! Die Kiki wird weder so schön wie ihre Mutter werden, noch ist sie so begabt wie ihr Vater ...“ Tja, das saß. Ich wusste, dass ich – mein Kopf zu groß, der Pony schief, die Ohren abstehend und dazu noch eine Brille auf der Nase – mit meiner schönen Mutter nicht mithalten konnte. Mein Klavierunterricht bei Helen Vitas Mutter ging auch normal voran, keine Hochbegabung. Frau Pacic meinte, ich solle mal zeigen, was meine Pratzen – große Hände hatte ich auch noch! – so geübt haben.

Viel später erkannte ich in meinen großen Händen die Hände meines geliebten Vaters. Auch die großen, gut hörenden Ohren hatte ich von ihm ... und war stolz, weil er auch äußerlich in mir weiterlebte.

Nun, nach dem vernichtenden Urteil, stand Helen Vita auf und spielte mir – schwergewichtig, wie sie schon damals war – auf unserem weißen Flokati-Teppich vor, wie ich als Ziege, vom Stein am Kopf getroffen, langsam in mich zusammensinken sollte, bis ich sterbend ganz am Boden lag. Das war so komisch, dass ich mich absichtlich ein bisschen dumm stellte, um Helen Vita noch ein paar Mal als Ziege sterben zu sehen.

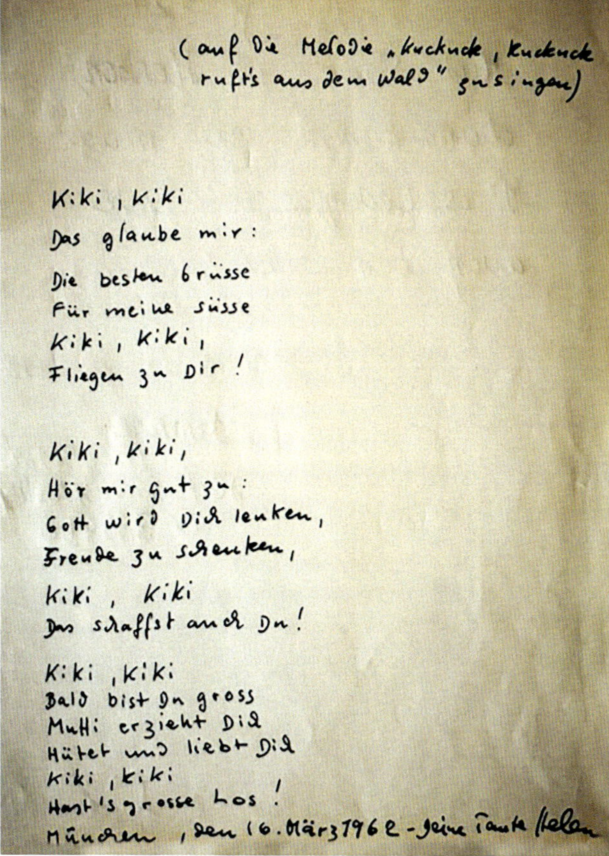

(auf Die Melodie „Kuckuck, Kuckuck ruft's aus dem Wald" zu singen)

Kiki, Kiki
Das glaube mir:
Die besten Grüsse
Für meine süsse
Kiki, Kiki,
Fliegen zu Dir!

Kiki, Kiki,
Hör mir gut zu:
Gott wird Dich lenken,
Freude zu schenken,
Kiki, Kiki
Das schaffst auch Du!

Kiki, Kiki
Bald bist Du gross
Mutti erzieht Dich
Hütet und liebt Dich
Kiki, Kiki
Hast's grosse Los!
München, den 16. März 1962 – Deine Tante Helen

Abbildung 18
Helen Vita:
Gedicht
für Kiki

Verstummen: der Sänger Heinz Maria Lins

An Heinz Maria Lins[16] kann ich mich noch gut erinnern. Er war viele Male bei uns zu Gast. Mein Vater liebte meine kleine Kinderstimme, und ich sollte oft vor Gästen meine Lieder vorsingen. Bei einem meiner Auftritte war auch Heinz Maria Lins anwesend und fragte mich, ob auch er mir etwas vorsingen solle. Als ich dies bejahte, sang er leider genau das gleiche Lied, das ich vorher gesungen hatte, aber natürlich ganz großartig, rein und schön. Es war, als würde der liebe Gott selbst singen und ich war so überwältigt, dass ich von da an auf keinen Fall mehr etwas vorsingen wollte. Ich verglich meine kleine Kinderstimme mit der des großen Meisters und war entmutigt. Alles Zureden meines Vaters half nichts. Wenn es so schöne große Stimmen gab, dann sollten kleine nicht mehr singen, zumindest nicht öffentlich vor Erwachsenen. Den Mut zur eigenen Singstimme fand ich erst viel später wieder.

Engelorchester

Wir hatten zu Hause ein ganzes Orchester. Nein, leider nicht live, sondern viele kleine Holzengel mit Instrumenten und grünen Flügeln mit winzigen weißen Pünktchen darauf. Es hatte damit begonnen, dass meinem Vater eines Tages ein kleiner Engel geschenkt wurde, der an einem ebenso kleinen Konzertflügel saß. Meine Mutter platzierte ihn auf unserem großen Konzertflügel. Zu meiner größten Freude blieb er nicht alleine. Es folgte ein zweiter mit einer Geige, der dritte spielte Posaune. Da wir fast täglich Besuch hatten und sich die Gäste meist in Klaviernähe aufhielten, war für weiteren Zuwachs gesorgt. Man sah ja, welche Instrumente noch fehlten bzw. welche Verstärkung brauchen konnten.

So scharte sich um den Klavier-Engel bald ein ganzes Orchester. Und ich beobachtete, dass die Figuren jeden Tag ein bisschen anders standen. Ich selbst durfte sie nur „mit den Augen anfassen", weil meine Mutter meinte, ich könnte ihnen ein Flügelchen abbrechen. Aber die vielen Musiker, die bei uns zu Gast waren, durften die Engel anfassen, wenn sie von ihren Konzerten erzählten und wie das Orchester aufgestellt war.

Mir war aufgefallen, dass die Bläser immer hinten standen. Als ich mich einmal unbemerkt fühlte, stellte ich trotz des Verbots die Streicher und auch die Sänger nach hinten und die Bläser ganz nach vorne. Nur der Engel-Dirigent und der Engel-Pianist durften vorne bleiben, denn die waren ja mein Vater. Als er die Umstellung bemerkte, schmunzelte er und wusste natürlich gleich, dass da meine kleinen Hände im

Spiel gewesen waren. Er erklärte mir, dass die Bläser lauter seien als die Streicher und deshalb weiter vom Publikum weg sein müssten. Aber ich klärte ihn auf, dass ich die musizierenden Engel hören könne, und zwar, egal wo sie standen, alle gleich gut.

Foto 19: Das Engelorchester

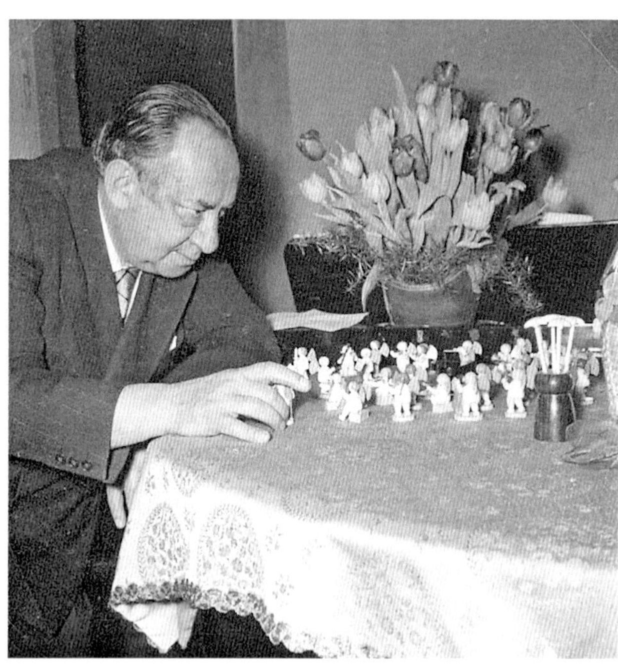

Eine Schildkröte kommt uns besuchen – Erich Wolfgang Korngold

Wir hatten immer viele Gäste, eigentlich jeden Tag. Eines Tages sagte mir mein Vater, dass heute ein lieber Freund von ihm kommen würde, Erich Wolfgang Korngold[17], der wie eine Schildkröte Klavier spiele. Ich war sehr aufgeregt, denn ich stellte mir eine Schildkröte in Menschengestalt vor ... also auf zwei Beinen aufrecht gehend, in einem Anzug, am Rücken einen abnehmbaren Panzer für die Aufbewahrung und Mitnahme wichtiger Dinge. Vielleicht Kinderschildkröten zum Spielen für mich oder mein Lieblings-Mitbringsel: Katzenzungen ... Eine, aber wirklich nur eine, würde ich dem Schildkrötenfreund anbieten. Außerdem stellte ich mir vor, er habe Schildkröten-Hände und einen Schildkröten-Kopf. Der damaligen Mode entsprechend würde er darauf einen Hut tragen. Es hieß, er komme mit seiner Frau, aber ohne Kinder. Ich beobachtete meine Eltern genau, ob sie irgendetwas Besonderes vorbereiteten, denn schließlich war er ein besonderer Gast, und ich konnte die Freude meines Vaters schon Stunden vorher spüren. Und ich freute mich auch, aber es geschah weiter nichts Außergewöhnliches.

Endlich läutete es. Ich stürmte zur Tür, traute mich aber doch nicht, sie zu öffnen. Dann stand da ein ganz gewöhnliches, freundliches Ehepaar, das meine Eltern herzlich begrüßte und mir eine Schachtel Märchenschokolade (auch schön ...) übergab. Ich schaute meinen Vater mit großen fragenden Augen an und flüsterte: „Schildkröte?“ Er gab mir zu verstehen, ich solle abwarten. Vielleicht würde er sich beim Klavierspielen verwandeln? Endlich setzte er sich dann tatsächlich an den Flügel und spielte. Dabei hielt er die Daumen nach innen und spreizte die anderen Finger ab. Eine Handhaltung *wie* eine Schildkröte. Immerhin! ... Und wie hieß der Freund? Erich Wolfgang Korngold ... Irgendwann zog ich mich in mein Kinderreich zurück und erklärte meinen immer noch aufgeregten Stofftieren und Puppen, dass wir wohl alle die ganze Sache etwas missverstanden, dafür aber einen großen Vorrat Märchenschokolade bekommen hatten. Die große Schachtel enthielt viele einzeln verpackte Täfelchen, auf denen Motive der bekanntesten Märchen abgebildet waren. Es war Milchschokolade, die gehörte uns alleine, denn meine Mutter aß gar keine, mein Vater nur Bitterschokolade.

Auf seinem Arbeitsplatz am Schreibtisch stand immer ein kleines Messingtablett (ich habe es heute noch) mit einer Tafel Lindt Edelbitter darauf und einer Flasche Überkinger Mineralwasser, „Pitzelwasser“, wie er es nannte, sowie ein Glas mit Goldrand. Wenn die Flasche frisch geöffnet wurde, und ich in der Nähe war, habe ich mich von dem frischen Sprudel „anpitzeln“ lassen, gelacht, genießt – „ptzi“ – ein kleines Spielchen zwischen mir und meinem Vater. Und nie esse ich Bitterschokolade, ohne an ihn zu denken ...

„Irgendwo auf der Welt"

In den 1930er Jahren und auch nach 1945, als seine Musik in Deutschland wieder erlaubt war, führte „Das gibt's nur einmal, das kommt nicht wieder" die Heymann-Hitparade an, gefolgt von „Das ist die Liebe der Matrosen", „Liebling, mein Herz läßt dich grüßen" und „Eine Nacht in Monte Carlo". In den Siebzigerjahren änderte sich das, und „Ein Freund, ein guter Freund" setzte sich an die Spitze. In den letzten Jahren hören die Menschen am liebsten „Irgendwo auf der Welt gibt's ein kleines bißchen Glück". In Kirchen, auf Bällen, zu Hochzeiten, bei Gedenkfeiern, zu Beerdigungen wird es gesungen oder instrumental gespielt; es ist das Sehnsuchtslied unserer Zeit geworden. Daniel Hope spielt es auf der Geige, Dagmar Manzel, Jonas Kaufmann oder Angela Denoke singen es. An der Stille, bevor der Applaus einsetzt, spürt man jedes Mal, wie tief es das Publikum berührt und dass sich jeder auf seine eigene Weise angesprochen fühlt. – „Irgendwo auf der Welt gibt's ein kleines bißchen Glück" stammt aus dem Film „Ein blonder Traum" aus dem Jahr 1932. Das Drehbuch schrieben Billy Wilder und Walter Reisch. Paul Martin führte Regie, die Hauptrollen spielten Lilian Harvey, Willy Fritsch, Willi Forst, Trude Hesterberg und Paul Hörbiger. Die Liedtexte der Filmschlager schrieb alle Robert Gilbert, aber den Refrain von „Irgendwo auf der Welt" fand mein Vater:

> Irgendwo auf der Welt, gibt's ein kleines bisschen Glück
> und ich träum davon in jedem Augenblick.
> Irgendwo auf der Welt gibt's ein Stückchen Seligkeit
> und ich träum davon schon lange, lange Zeit.

Wenn ich wüßt, wo das ist, ging ich in die Welt hinein,
denn ich möchte einmal recht, so von Herzen glücklich sein,
Irgendwo auf der Welt fängt mein Weg zum Himmel an,
irgendwie, irgendwo, irgendwann.

Kurz nachdem ich angefangen hatte zu sprechen, sang ich mit meiner kleinen Stimme auch schon einige der Lieder meines Vaters nach. Immer wieder fragte ich ihn nach seiner Lieblingsfarbe: königsblau; seinem Lieblingsbaum: Kastanie; seiner Lieblingsblume: blaue Hyazinthe … und nach seinem Lieblingslied. Da antwortete er: „Irgendwo auf der Welt gibt's ein kleines bißchen Glück". Als meine Eltern einmal unterwegs waren – ich werde sechs Jahre alt gewesen sein –, ging ich zum großen schwarzen Flügel im Musikzimmer und brachte mir bei, dieses Lied mit einem Finger zu spielen. Als meine Eltern zurückkamen, überraschte ich meinen Vater damit, dass ich den Refrain mit dem Zeigefinger spielte und dazu sang: „Irgendwo auf der Welt gibt's ein kleines bißchen Glück". Er umarmte mich und hatte Tränen in den Augen.

Dieses Lied wurde auch zum letzten Dokument meines Vaters. Enrique Sánchez-Lansch entdeckte es im Fernseharchiv des Bayerischen Rundfunks, als er 2011 für den WDR einen Dokumentarfilm über Werner Richard Heymann drehte. Am Ende eines kurzen Interviews wurde mein Vater gebeten, eines seiner Lieder am Klavier zu spielen. Er spielte und sang: „Irgendwo auf der Welt fängt mein Weg zum Himmel an, irgendwie, irgendwo irgendwann." Nur wenige Wochen nach diesem Interview starb er. Als ich die Aufzeichnung, von der ich nichts wusste, fast 50 Jahre nach seinem Tod das erste Mal sah, hatte ich Tränen in den Augen.

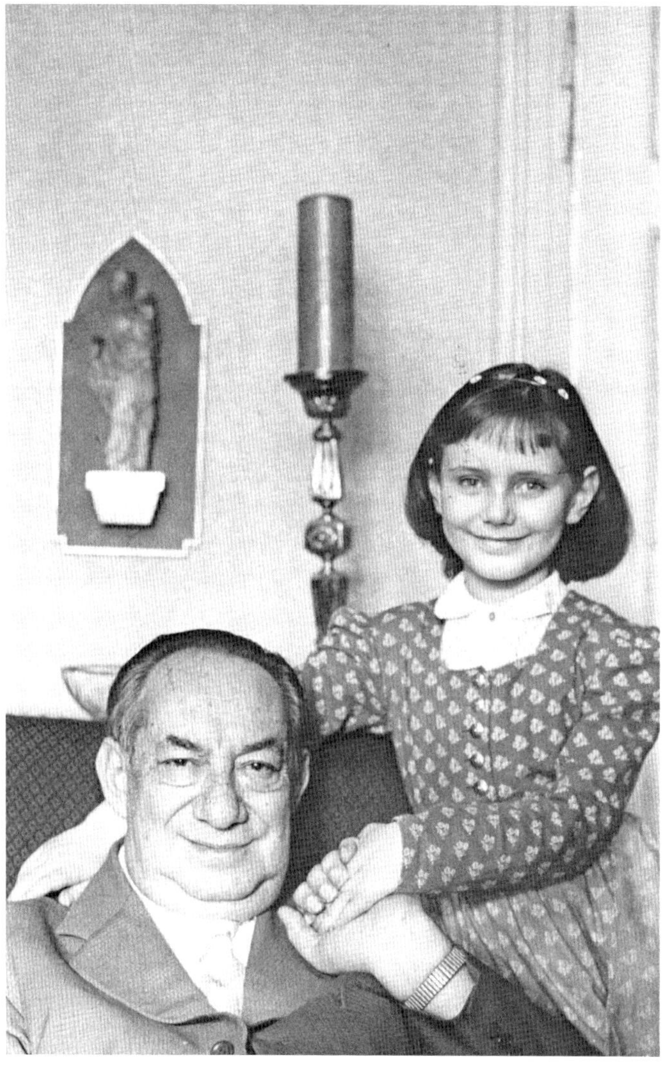

Foto 20: Vater und Tochter, glücklich

Liebste Freunde: Robert und Stephan Gilbert

Einer unserer häufigsten Gäste war der großartige Robert Gilbert[18] – „Heymanns DaPonte", wie mal ein Journalist sagte; er und mein Vater arbeiteten an immer neuen Projekten. Sie kannten sich seit Anfang der 1930er Jahre, als ihn mein Vater als Liedtexter für „Die drei von der Tankstelle" ins Team holte. Der gemeinsame Schlager aus diesem Film traf genau auf sie beide zu: „Ein Freund, ein guter Freund, das ist das schönste, was es gibt auf der Welt".

Damit sie einander nicht nur in München, sondern auch im Tessin sehen und miteinander arbeiten konnten, fanden Robert und seine Frau Gisela in der Nähe ihrer großen Villa bei Locarno ein kleines Häuschen für uns, das wir Casa Ariane nannten. Ich liebte diesen Ort, Hanglage, unverbauter Blick auf den See und hinter uns nur noch eine Reihe alter schöner Häuser; dann kam der steile Wald, der die Berge hochkletterte. Es war ein von Licht durchfluteter Mischwald mit kleinen Bächen und vielen Feuersalamandern. Die spielten mit mir, ließen sich von Blättern anlocken und, wenn's ihnen zu bunt wurde, verschwanden sie wieder in einer Felsritze oder im Laub. Dann wartete ich still, bis es leise raschelte und mich erneut ein neugieriges Augenpaar ansah. All das regte meine Phantasie an.

Stephan, der Sohn von Gisela und Robert, war etwas jünger als ich und bewunderte seine große Freundin so sehr, dass er alles glaubte, was ich ihm erzählte – wie wunderbar! Wenn wir gemeinsam mit den Feuersalamandern spielten, sagte

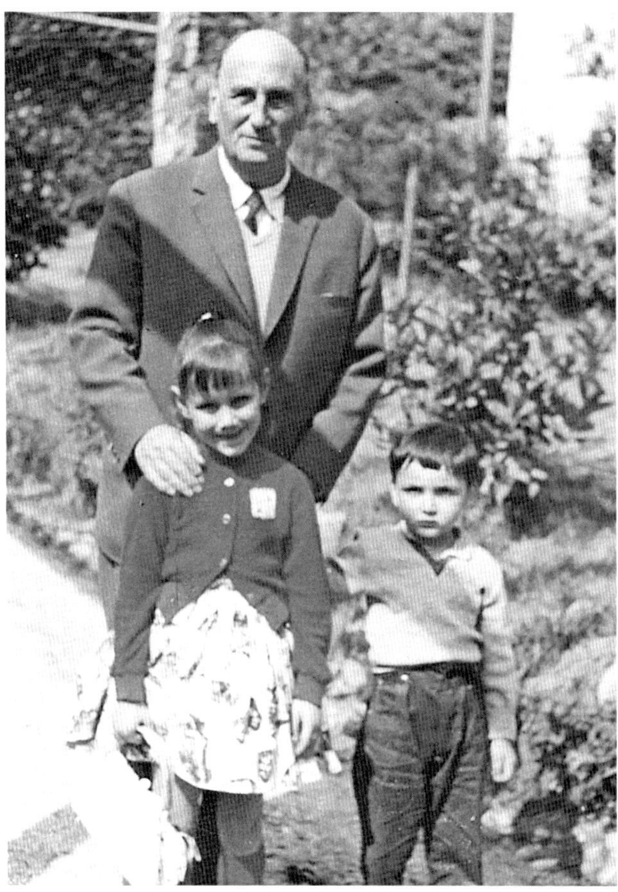

Foto 21: Robert Gilbert mit Kiki und Sohn Stephan

ich ihm, dass er sich jetzt mit mir ganz klein machen müsse. „Wenn wir die richtige Größe haben, dürfen wir auf den Feuersalamandern reiten. Sie zeigen uns ihre wunderbare Blätter- und Felswelt, ihre Freunde und Feinde, ihre Behausung und wir dürfen ihre feinen Pflanzengerichte mit ihnen speisen." Stephan erlebte das alles mit.

Unser Haus war von Blumenwiesen und Gemüsegärten umgeben. Als Stephan nach unserer Phantasiereise im Wald

Hunger bekam, sagte ich, dass wir unsere Eltern gar nicht bräuchten, sondern dass ich nicht nur seine beste Freundin, sondern auch seine beste Köchin sei. Ich pflückte die schönsten Blumen, sammelte die buntesten Blätter, schnitt alles in eine relativ einheitliche Größe, holte von den Eltern unbemerkt einen großen Teller und entwarf ein wundervolles Pflanzen-Mandala. Stephan war entzückt und meinte, so etwas Schönes habe er noch nie gegessen. Also aß er auch alles, wirklich alles, auf. Leider wurde ihm dann am Abend sehr schlecht. Seine Mutter fragte, was er denn gegessen habe ... Nach seinem Bericht durfte er mich eine ganze Woche nicht besuchen, obwohl es ihm längst wieder gut ging. Ich sollte lernen, dass man Freunde nicht vergiften dürfe.

Nach dem frühen Tod meines Vaters sahen wir uns kaum mehr, denn wir hatten Locarno aufgegeben, und er lebte ganz dort. Nur seine Eltern kamen hin und wieder nach München. Heute lebt auch Stephan seit vielen Jahren nicht mehr, aber meine Erinnerungen an ihn sind lebendig, und ich kann sie seiner reizenden Tochter Romy erzählen.

Die Arbeit zwischen Onkel Robert und meinem Vater war intensiv und stimmte beide heiter. Ich freute mich immer, wenn er kam und meinen Vater aus manch kleiner Melancholie befreite. Als er bei der Beerdigung meines Vaters seine Grabrede las, weinte er so bitterlich, wie ich noch nie einen Erwachsenen weinen sah. Er hatte ihn wohl sehr lieb!

Ich bin Elisabeth

Der Name „Kiki“ blieb mir jahrzehntelang; alle Freunde und Bekannten nannten mich so. Aber zu meinem 50. Geburtstag im Jahr 2003 wünschte ich mir meinen schönen Taufnamen Elisabeth zurück. Und sie sahen ein, dass das niedliche „Kiki“ nicht mehr zu mir passte. Damals lebte ich schon fünf Jahre in Berlin. Mein Vater hatte nochmal in mein Leben eingegriffen, denn der Archivdirektor der Akademie der Künste interessierte sich nicht nur für den Nachlass Heymann ... Und das Lied der Kiki galt noch:

> Denn mein Mut, der ist groß
> Und ich sage mir ‚los‘,
> wenn die Chance mal da ist,
> dann pack sie!

Ein halbes Jahr nach unserem Kennenlernen heirateten wir und ich zog, der Liebe folgend, von meiner Mutterstadt Salzburg in die Vaterstadt Berlin. Gemeinsam gestalteten wir die Ausstellung „Ein Freund, ein guter Freud – der Komponist Werner Richard Heymann“, die im Jahr 2000 am Pariser Platz in Berlin, dann in München, bei den Salzburger Festspielen, in Lüneburg, Hannover und Duisburg gezeigt wurde. Meinen Beruf als Tanz- und Bewegungspädagogin konnte ich in Berlin nicht weiterführen, sondern orientierte mich ganz neu. Da meine Mutter aufgrund ihrer Krankheit schon lange nichts mehr für das Werk meines Vaters hatte tun können, übernahm ich diese Aufgabe. Es galt, den weitgehend vergessenen Namen des Komponisten unvergessener Lieder wieder in Erinnerung zu bringen. Die Publikation der unveröffentlichten Autobiographie meines Vaters konnte ich auf den Weg bringen, das Buch erschien 2001. Und es galt und gilt, Heymanns ernste Kompositionen und sein z. T. immer noch vernachlässigtes Werk als Komponist literarischer Chansons wieder erklingen zu lassen. Und ihn auch als den musikalischen Leiter von Trude Hesterbergs Kabarett „Die Wilde Bühne“ sowie Max Reinhardts „Schall und Rauch“, dort gemeinsam mit Friedrich Hollaender, in Erinnerung zu rufen. So bringe ich meinen Vater bei Pianisten, Regisseuren, Sängerinnen und Sängern, Verlegerinnen und Verlegern und Veranstaltern ins Gespräch. Ich war Kiki, jetzt bin ich Elisabeth, Elisabeth Trautwein-Heymann.

Da bin ja ich! – Georg Kreisler

Berlin, Pariser Platz 6, März 2000, in der Ausstellung „Werner Richard Heymann – Ein Freund, ein guter Freund" der Akademie der Künste: Ein stattlicher Herr mit markantem Profil und einer sehr großen Brille beugt sich interessiert über die Vitrinen. Plötzlich ruft er zu seiner Begleiterin (und Ehefrau Barbara Peters): „Da bin ja ich!" Die aufmerksame Ausstellungsaufsicht spricht ihn an, und später ist auch im Gästebuch der Ausstellung zu lesen, dass Georg Kreisler[19] die Heymann-Ausstellung besucht hat. In die Vitrine hatten wir das Gästebuch meiner Eltern gelegt und just beim Eintrag von Georg Kreisler vom 14. Februar 1961 aufgeschlagen, in dem eine handgeschriebene Notenfolge aus Brahms „Ungarischem Tanz" ins Auge fiel. Sie war, neben dem Dank für Freundschaft und gutes Essen, eine Anspielung an sein Gastgeschenk, ein Brahmsautograph, das dann später goldgerahmt in unserem Musikzimmer hing.

Georg Kreisler hielt sich also in Berlin auf, und so konnte ich mich auf die Suche nach ihm machen und an eine ganz alte Bekanntschaft anknüpfen, denn ich kenne ihn seit meinem fünften Lebensjahr. Nach dem Tod meines Vaters, mit dem er noch ein Musical geplant hatte, war mein Kontakt zu ihm abgebrochen. Er erzählte mir, dass er – als 18-jähriger Emigrant – meinen Vater in Hollywood kennengelernt und für ihn als Korrepetitor gearbeitet hatte. Die Filmpremieren waren damals ganz besondere Veranstaltungen mit Musik und Show-Einlagen. Er erinnerte sich besonders an eine große Gala mit der Musik meines Vaters, die den Titel „Hit and run" trug. Die ganze Hollywood-Prominenz war in ihren großen Autos gekommen. Aber anstelle des Impresarios betrat ein

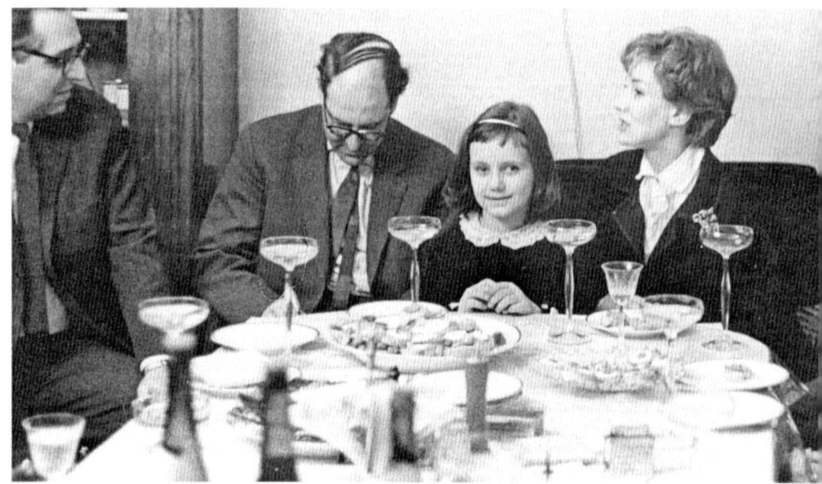

Foto 22: Georg Kreisler, Klaus Budzinski, Kiki, Topsy Küppers am großen Familientisch im Hause Heymann

uniformierter Feuerwehrmann die Bühne – und sagte das Event wegen feuerpolizeilicher Missstände ab. (Es war also – hit and run – ein Unglück besonderer Art, das die gesamte Prominenz zu fluchtartiger Abfahrt bewegte.)

Mit meinem Mann besuchte ich ihn dann das erste Mal wieder in seiner Basler Wohnung – auch eine erste Anbahnung von Seiten der Akademie der Künste, der er später sein Archiv anvertraute. Wir saßen gemeinsam in hochlehnigen Gartenstühlen, wo Barbara zwischen prachtvollen Blumen eine opulente Kaffeetafel gedeckt hatte. Mit einem Mal wurde Georg Kreisler kleiner und kleiner, bis er schließlich ganz aus meinem Blickfeld verschwand. Sein Gartenstuhl war – Gott sei Dank in Zeitlupe – zusammengebrochen, so dass – außer großer allseitiger Erheiterung – nichts Gravierendes geschehen war. Und zum Glück entschwand er nicht wieder aus meinem Blickfeld, sondern blieb unser Freund bis zuletzt, und ich konnte mich im Kreis seiner Freunde und Bekannten rühmen, ihn länger als alle anderen, seit fast 60 Jahren, zu kennen.

Mazel tov bis 120 – Königsberg

Eine alte jüdische Redewendung wünscht zum Geburtstag: „Mazel tov bis 120". Heymanns Geburtsjahr war 1896. Der Höhepunkt des von mir initiierten Jubiläumsjahrs zum 120. Geburtstag 2016 waren eine vom Kaliningrader Generalkonsul Michael Banzhaf auf den Weg gebrachte Ausstellung und ein Konzert im dortigen Neuen Schauspielhaus. Eine Stadtansicht des alten Königsberg, seiner geliebten Geburtsstadt, hing über dem Schreibtisch meines Vaters in München. Die gesamte Familie hatte ihre Vaterstadt schon 1912 verlassen; seither war kein Heymann mehr dort gewesen. Auch mein Vater fand nach seiner Rückkehr nach Europa nicht mehr den Mut, sich mit den Resten der im und nach dem Zweiten Weltkrieg total zerstörten Stadt zu konfrontieren.

Meine Reise dorthin – es gab nach der Ukrainekrise 2014 keine Direktflüge mehr – war abenteuerlich lang; per Zug, Flug und Auto dauerte sie von Salzburg 16 Stunden. Trotz ermüdender Fahrt war ich hellwach und sog diese besondere Landschaft zwischen Danzig und Königsberg auf. Ich versuchte, sie mit den Augen meines Vaters zu sehen, die ursprüngliche Landschaft zwischen den Feldern, diese Weite, die immer auch ein wenig traurig macht. Die Erinnerungen, die mein Vater in seiner Autobiographie aufgeschrieben hatte, reisten mit: an seine Eltern und Brüder, an die Hauskonzerte und großen Gesellschaften im Hause Heymann, an die kalte Ostsee, in die er als Kind im Sommerurlaub immer erst baden ging, nachdem man einen Eimer heißes Wasser hineingeschüttet hatte. Oder an die Demoiselle, die – auch um Deutsch zu lernen – als Haushaltshilfe zur Familie gekommen war und immer noch kein Deutsch konnte, als sie nach zehn Jahren abreiste, aber eine perfekt Französisch sprechende Familie zurückließ.

Das Festkonzert im Neuen Schauspielhaus, einem sorgfältig restaurierten neoklassizistischen Bau aus dem Jahr 1912, war ausverkauft. Zuvor wurde im Foyer eine Ausstellung über das Leben und Werk meines Vaters eröffnet, dann spielte das Kaliningrader Sinfonieorchester seine Melodien unter Arkadij Feldmann in großer Besetzung. Die Arrangements waren hinreißend. Manche Lieder wurden in der Übertragung des Rabbiners Victor Shapiro auf Russisch gesungen. Dies und eine klug erläuternde Moderation begeisterten das Publikum, das noch nie etwas von diesem Sohn der Stadt gehört hatte. Es klatschte einige Zugaben herbei, und ich durfte mich zuletzt von der Bühne aus bei allen bedanken.

In den Tagen danach suchten wir die Häuser, in denen mein Vater gewohnt hatte. Aber dort, wo sie gewesen sein mussten, gab es nun nur noch postmoderne Gebäude oder eine grüne Brache, weil die ganze Straße nicht mehr existierte. Doch fanden wir den Platz der alten Synagoge, die neben der Dominsel wieder aufgebaut wird. Bei ihrer Einweihung im Jahr 1896, zu der er ein Gutteil beigetragen hatte, saß mein Großvater Richard Heymann – wie der Forscher Michael Leiserowitz herausgefunden hat – auf seinem Platz mit der Nummer 66; die Großmutter Johanna war beim gerade geborenen kleinen Werner Richard zu Hause geblieben. Nahe dem Neuen Schauspielhaus erinnert ein Platz an Walter Simon. Der Bankier und Mäzen hatte eine Stiftung errichtet, die Frauen ein Studium ermöglichte, die ersten öffentlichen Turn- und Spielplätze der Stadt, eine Kindervolksküche, eine Volksbibliothek, Schwimmbäder, Armen- und Krankenhäuser gestiftet und Spenden für die Königsberger Luisenkirche und das Bismarck-Denkmal gegeben. Das Interesse der jüngeren Kaliningrader an den Resten der deutschen Vergangenheit ihrer Heimat-

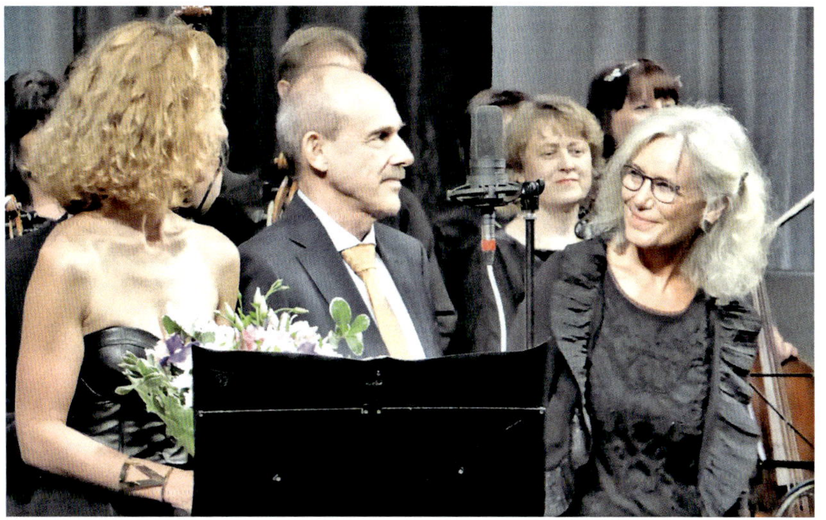

Foto 23: Nach dem Königsberger Jubiläumskonzert: Helena Goldt, Generalkonsul Michael Banzhaf, Elisabeth Trautwein-Heymann

stadt erstaunte mich. Offenbar fürchten sie die Deutschen nicht mehr. Sie fragten, ob ich eine Beziehung zu Walter Simon habe. Oh ja, er war gewissermaßen doppelt verwandt mit meinem Vater. Er war ein Cousin meines Großvaters Richard Heymann und hatte eine Schwester meiner Großmutter geheiratet. Walter Simon war auch innerhalb der Familie einflussreich. Nachdem er geträumt hatte, dass einer kommen und alle Juden verbrennen würde, verfügte er, dass je ein Mitglied jedes Familienzweigs getauft werden sollte. Die Familie solle nicht gänzlich untergehen. So wurde mein Vater im Alter von acht Jahren evangelisch getauft, was ihm allerdings, wenn er nicht rechtzeitig geflüchtet wäre, nichts genützt hätte. Der Holocaust überstieg sogar das Vorstellungsvermögen der Angstträume.

In den kleinen Räumen der Jüdischen Gemeinde hing eine einfache, aber informative Ausstellung über die Geschichte der Königsberger Juden. Mein Vater war abgebildet und auch dessen ältester Bruder, der Dichter Walter Heymann, der die

Kurische Nehrung besungen hatte und jung im Ersten Weltkrieg gefallen war. Ein junger russischer Dichter, Ilya Spesitev, hatte ein Originalexemplar des Gedichtbands „Nehrungsbilder“ erworben und schenkte mir ein selbstgefertigtes Faksimile. Dies und seine Absicht, die Texte ins Russische zu übertragen, berührten mich. Dabei erfuhr ich auch, dass im heute estnischen Teil der Nehrung, im Wald von Nidda, für Walter Heymann und zwei andere Künstler ein Denkmal errichtet worden war. Die Nazis hatten das „Judendenkmal“ zerstört. Als wir Nidda besuchten, erfuhren wir in der Gedenkstätte, im ehemaligen Sommerhaus von Thomas Mann, dass man überlege, es neu zu errichten. So war ich an diesem Tag weniger die Komponistentochter als vielmehr die Nichte des Dichters Walter Heymann.

Im Historischen Museum der Stadt im ehemaligen Friedländer Tor, einem noch existierenden Teil der Stadtbefestigung, war ein eindrucksvoller Fotofilm über das alte Königsberg zu sehen. Als der junge Kurator erfuhr, wessen Tochter ich bin, suchte er kurz in seinen Schränken und zeigte mir dann stolz ein Filmplakat von „Die drei von der Tankstelle“, das er in Erinnerung an den Sohn der Stadt erworben hatte.

Viele Freunde und Bekannte hatten mich vor Königsberg gewarnt. Ich würde enttäuscht sein, weil von früher kaum mehr etwas stehe: Nein, ich war kein bisschen enttäuscht. Das alte, verschwundene Königsberg ist für die junge Generation – Nachkommen der nach 1945 komplett ausgetauschten, neuen russischen Bevölkerung – ein Teil ihrer Geschichte geworden. Und ich war aufgeregt, die neue alte Stadt zu erleben, wo meine Großeltern sich kennen und lieben gelernt hatten, wo das Leben meines Vaters begonnen hatte. Die Mitglieder meiner Familie waren überall dabei. Besonders nachts, wenn ich keinen Schlaf fand oder im Wachtraum lag, saßen sie um mich herum, lächelten mich an und freuten sich, dass ich sie in der Vergangenheit besuchte.

Georgenstraße 34, ein Wiedersehen

November 2015, eine Benefizveranstaltung des Münchner Merkur: Im vollbesetzten Saal feiert ein begeistertes Publikum den Stummfilm „Der große Sprung“ und insbesondere die Begleitmusiker mit Standing Ovations. Die ursprüngliche Musik meines Vaters zu dieser einzigen Komödie im ansonsten heroisch ernsten Bergfilmgenre war während des Kriegs verloren gegangen; Tal Balshai hatte sie gekonnt aus Motiven und Melodien meines Vaters neu gestaltet. Nach meiner kleinen Einführung hörten wir fast zwei Stunden sein virtuoses, nahezu orchestrales Klavierspiel, dazwischen – von Stella Maria Adorf und Karoline Gable gesungen und teilweise sogar gejodelt – Heymann-Lieder.

Beim anschließenden Empfang unterhielt man sich an runden Stehtischen. Da ich kaum jemanden der Anwesenden kannte, freute ich mich, als mich eine Dame freundlich ansprach und erzählte, dass auch ihr Vater als Komponist in Schwabing gelebt habe. Heute noch lebe sie dort, in einem schönen Haus in der Georgenstraße. – Was, Georgenstraße? So ein Zufall, ich wohnte da von 1954 über den Tod meines Vaters hinaus bis zum Jahr 1965 in der Nummer 34. Nun staunte sie, denn das war genau auch ihre Adresse. Mehr noch, sie lebte im zweiten Stock, in der Wohnung meiner Kindheit. Großzügig lud uns Angela Gräfin von Wallwitz kurze Zeit später zum Abendessen ein. Eine Begegnung mit meiner Vergangenheit, wie aufregend!

Als ich den Hof betrat, standen dort immer noch die zwei Baumfreunde meiner Kindheit, die mir blätterrauschend aus ihrem Leben erzählt hatten. Aber sie waren riesenhoch gewachsen. Und auch das Haus war verändert, sodass ich mich zunächst nicht zurechtfand. Man hatte ein neues Treppenhaus ins Hausinnere gelegt und die Wohnungen verkleinert. Aber dann saßen wir an einer wunderschön gedeckten Tafel genau dort im Erker zur Georgenstraße, wo früher ein Blumentischchen und zwei bequeme Sessel gestanden hatten, von denen man hinunter auf die Straße sah. Hier war – inmitten eines kleinen botanischen Gartens, meine Mutter hatte einen grünen Daumen – mein Lieblingsplatz gewesen, mein Platz zum Träumen. Hier hatte ich mir vorgestellt, wer all die Menschen und die Tiere waren, die unten vorbeigingen.

Natürlich sollte ich von früher erzählen, und dabei wurden Erinnerungen an die Geheimnisse des Hauses lebendig, alles Orte, die es so nicht mehr gab. Den Dachboden, ein Platz zum Wäsche-Aufhängen mit kleinen absperrbaren Abteilen für die Mieter. Vom Gurren der Tauben ganz oben im Dach untermalt, war es für mich ein verwunschener Ort gewesen. Der Keller, in den die Kohlen auf einer Rutsche hinunterpolterten, und die Waschküche, wo einige Mieter die Wäsche kochten und mit Seife auf einem Holztisch bürsteten. Es roch wunderbar; ich war gerne dort. Unsere Schmutzwäsche sammelten wir in einer großen Kiste. Wenn diese voll war, wurde die Wäsche gezählt, auf einem vorgedruckten Zettel eingetragen und von der gegenüberliegenden Wäscherei abgeholt. Diese Kiste war ein wunderbares Versteck, und Wäsche zählen und richtig eintragen war bald meine Aufgabe. Und dann der Blick über den kleinen Schreibtisch aus meinem Kinderzimmer. Ich schaute auf eine Kriegsruine, an deren Wänden teilweise noch die Tapeten hingen. Ich hatte mir ausgemalt, was wohl für Bilder – ihre hellen Konturen sah man noch – an den Wänden gehangen und was für Menschen dort gewohnt hatten. Ob es da auch Kinder gegeben hatte? Sicher wären sie alle mit mir befreundet gewesen. Und schließlich die Künstlerfreunde und Gäste, die zu uns gekommen waren. So viele Geschichten rund um diese Wohnung, so viele Gesichter als Teil meiner Kindheit ... Das sollte man doch aufschreiben.

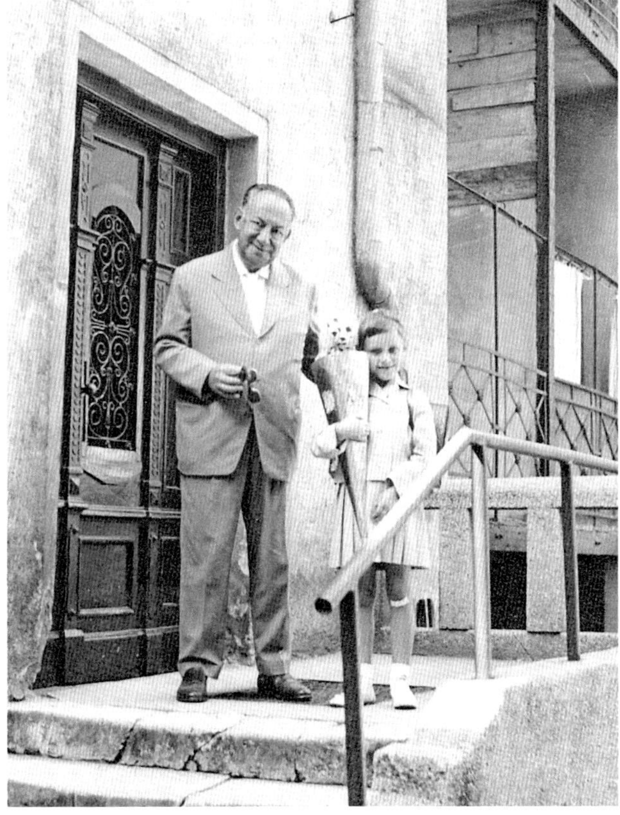

Foto 24: Eingang Georgenstr. 34, erster Schultag

Schnürlsamt

Im Traum sehe ich meine verstorbene Mutter bei mir sitzen. Sie hat das Kleid aus Schnürlsamt an, einem sehr feinen Cordsamt, das ich an ihr besonders geliebt habe. Wenn ich mich daran kuscheln konnte, bot es mir Wärme, Trost und Schutz. Vorne ist es durchgeknöpft, oben enganliegend und figurbetont, unten weit und schwingend. Ein breiter Gürtel hebt ihre schlanke Taille hervor. Eigentlich hat das Kleid starke Farben, violette Blumen, umrahmt von grünen Blättern. Ich sehe es aber in Grautönen. Meine Mutter zeigt sich mir jung, wie sie mit etwa 35 Jahren aussah, und schaut mich sehr liebevoll an. Dann verblasst das Bild. Ich denke im Traum, ich sollte sie anrufen.

Ich wähle ihre Telefonnummer, Anif 72610. Sofort höre ich ihre freudige Stimme und ein begeistertes „Jaaaa!“, als sie meine hört. Wie einst oft mehrmals täglich, erzähle ich ihr Situationen aus meinem Leben, wir plaudern angeregt. Schließlich sage ich ihr, dass ich es toll finde, dass ich sie immer noch unter ihrer alten Telefonnummer erreichen kann. Sie meint aber, es gehe längst ohne diese. Wenn ich will, kann ich sie immer erreichen, sie ist immer für mich da. Ich wache erschrocken auf und erkenne, dass unser so real empfundenes Gespräch geträumt war. Und doch bleibt es für mich real, denn ich weiß, in meinem Herzen erreiche ich sie durch meine Liebe tatsächlich immer.

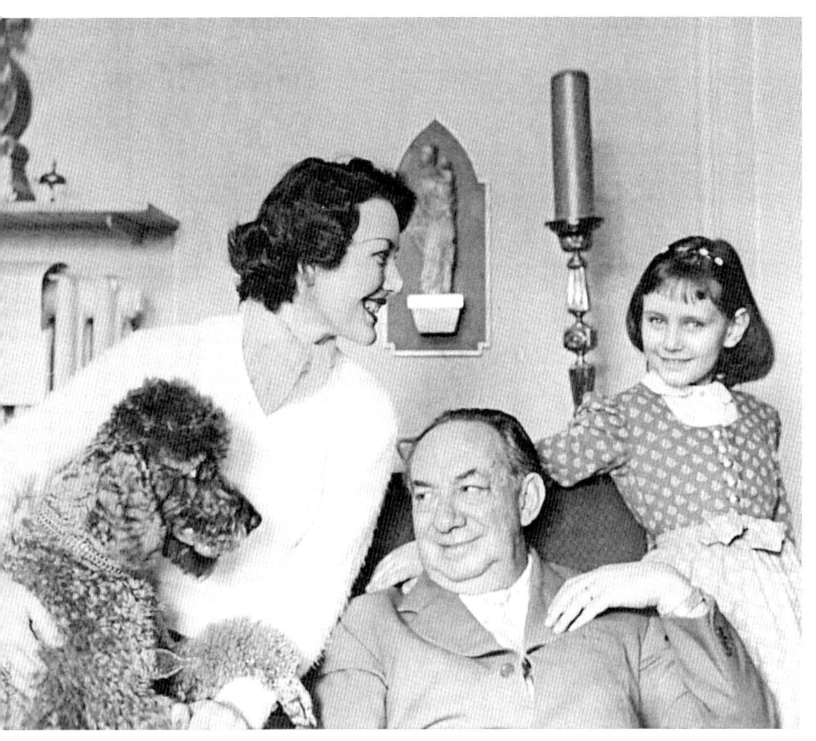

Foto 25: Mit den Eltern und Bessy

Auf einem Teppich aus Klängen

Die Musik meines Vaters schwingt in mir, von Anfang an bis heute; sie tut mir gut. Ich bin dankbar für dieses Erbe. Diese Musik ist so „vielsaitig", berührend und tief. Möglichst viele Menschen sollen sie hören und erfahren, wer ihr Schöpfer ist. Ich recherchiere, plane, werbe, spreche Musiker und Sänger an. Ich träume:

Ein großer Empfang mit vielen Menschen. Wolfgang, mein Mann, kennt die meisten und begrüßt freundlich. An einem der schön gedeckten Tische sitzt meine Mutter beim Essen und sieht zufrieden aus. Die meisten Gäste stehen aber noch.

Plötzlich ein strahlendes Spotlight: Werner Richard Heymann betritt die Szene. Die Gäste erkennen ihn, gehen auf ihn zu und rufen: „Herr Heymann, Sie? Unglaublich, das ist ja großartig ...!"

Mein Vater schüttelt viele Hände, steuert dabei aber strahlend auf mich zu. Wir umarmen uns: „Papi, du bist ja ganz fest, ich kann dich spüren, und du siehst jung aus, frisch, gesund ... Wie kommt das? Wie ist das möglich?" Mein Vater schaut mich voller Liebe an und erklärt mir: „Indem du meine Musik wieder lebendig machst und revitalisierst, erschaffst du einen Teppich aus Klängen. Auf dem ist es möglich, dass ich zu dir komme."

Biographische Notizen zu den erlebten Künstlern

1 **Werner Richard Heymann** (1896 Königsberg – 1961 München), Komponist. Schrieb ernste Musik (Rhapsodische Sinfonie, 1918), Chansons für Max Reinhardts Kabarett „Schall und Rauch" (1918/19) und Trude Hesterbergs „Wilde Bühne" (1921–1923), Bühnenmusik, 1926 Generalmusikdirektor der Ufa für deren Stummfilme, 1929 bis 1933 Musik zu zwölf Tonfilmoperetten, deren musikalischer Begründer er war (u. a. „Die drei von der Tankstelle" und „Der Kongreß tanzt"). 1933 Exil in Frankreich, wo er zwei Operetten schrieb, 1937 endgültiges Exil in Hollywood, Musik für über 50 Filme, u. a. zu Lubitschs „Ninotchka" und „To be or not to be". 1951 Rückkehr nach München, Filmschlager für Hildegard-Knef-Film „Alraune", musikalische Bühnenspiele „Professor Unrat", „Kiki vom Montmartre".

2 **Elisabeth Heymann**, geb. Milberg (1922 Klausenburg – 2005 Großgmain bei Salzburg), Schauspielausbildung in Wien, Schauspielerin am Landestheater Salzburg, 1952 Heirat mit Werner Richard Heymann und Geburt der gemeinsamen Tochter Elisabeth.

3 **Trude Hesterberg** (1892 Berlin – 1967 München), Schauspielerin, Sängerin und Kabarettistin; ab 1912 an Berliner Bühnen, nach 1945 in München an den Kammerspielen und im Kabarett. 1921 bis '23 Gründerin und Intendantin des Kabaretts „Die wilde Bühne" mit Heymann als musikalischem Leiter. Nach dem Krieg Wiederbegegnung mit Heymann, in dessen musikalischem Lustspiel „Professor Unrat" (darin: „Mir liegen die älteren Jahrgänge") sie mitwirkte.

4 **Kate Kühl** (1899 Köln – 1970 Berlin), Schauspielerin und Kabarettistin. Im Kabarett „Wilde Bühne" sang sie insbesondere Heymanns Vertonungen von Tucholsky-Texten, u. a. „Das Leibregiment (Die Trommel)". Nach dem Krieg Wiederbegegnung und gemeinsame Auftritt mit Heymann in München.

5 **Walter Mehring** (1896 Berlin – 1981 Zürich), expressionistischer Lyriker, ab 1919 politisch-satirische Texte für Kabarett, die Zeitschrift „Die Weltbühne" und Theater. 1933 Emigration nach Wien, 1938 Exil in Frankreich und den USA, 1953 Rückkehr nach Europa. Als literarischer Leiter

des Kabaretts „Wilde Bühne“ enge Zusammenarbeit mit Heymann, der u. a. seine Gedichte „An den Kanälen“, „Die kleine Stadt“, „Die Kälte“ oder „Arie der großen Hure Presse“ vertonte. Nach der Rückkehr aus dem Exil lebte und arbeitete Mehring bevorzugt in Hotels, u. a. im Hotel „Schiff“ in Locarno, nicht weit von Heymanns Sommerhaus.

6 **Gert Wilden** (1917 Mährisch-Trübau – 2015 Tutzing), Komponist, Arrangeur und Dirigent. Nach der Rückkehr aus dem Exil hörte Heymann im Bayrischen Rundfunk überaus gelungene Fassungen seiner Schlager, erkundigte sich nach dem Arrangeur und arbeitete fortan eng mit Gert Wilden zusammen.

7 **Friedrich Hollaender** (1896 London – 1976 München), Komponist, Autor, Kabarettist und Filmkomponist. 1933 Exil in den USA, 1955 Rückkehr nach München. Gemeinsam mit Heymann war Hollaender musikalischer Leiter von Max Reinhardts Kabarett „Schall und Rauch“, weitere Zusammenarbeit in der „Wilden Bühne“. In den USA schrieben Hollaender und Heymann gemeinsam die Musik zu Lubitschs Filmen „Angel“ und „Blaubarts achte Frau“. Nach der Rückkehr aus dem Exil war Hollaender in München häufiger Gast der Familie Heymann.

8 **Franz Schulz-Spencer** (1897 Karolinenthal/Prag – 1971 Muralto), Schriftsteller und Drehbuchautor, ab 1933 Exil in Prag, London und Hollywood. Nach der Rückkehr aus den USA lebte er in Ascona. 1930 schrieb er mit Paul Franck das Drehbuch zum Film „Die drei von der Tankstelle“, 1931 mit Hans Müller zu „Bomben auf Monte Carlo“. In Hollywood gehörte Schulz-Spencer zu Heymanns Freundeskreis.

9 **Margot Hielscher** (1919 in Berlin – 2017 München) Sängerin, Schauspielerin und Kostümbildnerin. Margot Hielscher war mit der Familie Heymann in München befreundet.

10 **Lilian Harvey** (1906 London – 1968 Cap d'Antibes), Tänzerin, ab 1924 Filmschauspielerin, bildete mit Willy Fritsch das Traumpaar des frühen deutschen Tonfilms, 1933 Fortsetzung einer dann wechselvollen Karriere in Hollywood, Berlin, Paris, USA, nach dem Krieg in Frankreich. Zusammenarbeit mit Heymann u. a. in den Filmen „Liebeswalzer“, „Die drei von der Tankstelle“ (darin sang sie mit Willy Fritsch: „Liebling, mein Herz läßt dich grüßen“), „Der Kongreß tanzt“ (darin: „Das gibt's nur einmal“), „Ein blonder Traum“ (darin: „Irgendwo auf der Welt“).

11 **Hans Albers** (1891 Hamburg – 1960 Berg, Bayern), Schauspieler, Filmstar und Sänger, schützte ab 1933 seine jüdische Lebenspartnerin Hansi Burg, verhalf ihr 1939 zur Flucht in die Schweiz und lebte ab 1946

wieder mit ihr bei Tutzing. – Zusammenarbeit mit Heymann in den Filmen „Bomben auf Monte Carlo“ (darin: „Das ist die Liebe der Matrosen“), „Der Sieger“ (darin: „Hoppla, jetzt komm ich!“) und „Quick“.

12 **Armin L. Robinson** (1900 Wien – 1985 Bad Ischl) Musikverleger und Textdichter. Exil in der Schweiz, Frankreich und den USA. Heymann vertonte in den 1920er Jahren einige Schlagertexte Robinsons, u. a. „Komm mit mir nach Brasilien“.

13 **Kurt Schwabach** (1898 Berlin – 1966 Hamburg), Autor, Kabarettist, Komponist und Sänger. 1933 Exil in England, erzwungene Rückkehr nach Deutschland, nach 1937 Flucht über Schweiz, Österreich, Tschechien, Polen und Ungarn nach Palästina. 1949 Rückkehr nach Deutschland.

14 **Mischa Spoliansky** (1899 Bialystok – 1985 London), Pianist, Revue-, Operetten- und Filmkomponist. 1933 Emigration nach England, wo er sich dauerhaft niederließ. Spoliansky arbeitete 1919/20 als Pianist gemeinsam mit Heymann und Hollaender in Max Reinhardts Kabarett „Schall und Rauch“ und war Heymann in lebenslanger Freundschaft verbunden.

15 **Helen Vita** (1928 Hohenschwangau – 2001 Berlin), Chansonette, Schauspielerin und Kabarettistin. Mit ihrer Familie 1939 in die Schweiz ausgewiesen, lebte sie ab 1965 auch in Berlin, wo sie mit galant-lasterhaften Liedern lebhaften Anstoß erregte.

16 **Heinz Maria Lins** (1916 München – 2020 Wien), Sänger, Komponist und Textautor.

17 **Erich Wolfgang Korngold** (1897 Brünn – 1957 Los Angeles), Komponist. Arbeitete seit 1934 in den USA und schrieb dort vor allem Filmmusik. Freundschaft mit Heymann seit den 1920er Jahren.

18 **Robert Gilbert** (1899 Berlin – 1978 Minuso), Dichter und Komponist. Emigrierte 1933 nach Wien, 1938 nach New York, kehrte 1949 nach Europa zurück. Seit dem Film „Die drei von der Tankstelle“ (1930) intensive Zusammenarbeit und Freundschaft mit Heymann. In den Jahren 1930 bis ’33 und 1952 bis ’60 vertont Heymann 62 Gilbert-Liedtexte, u. a. „Ein Freund, ein guter Freund“, „Das gibt’s nur einmal“, „Irgendwo auf der Welt“, „Ich bin Kiki“.

19 **Georg Kreisler** (1922 Wien – 2011 Salzburg), Komponist, Autor und Kabarettist. 1938 bis 1955 Exil in den USA. Als Korrepetitor 1940 Zusammenarbeit mit Heymann in Hollywood.

Fotonachweis

Foto 1: Akademie der Künste, Berlin,
Werner-Richard-Heymann-Archiv, Nr. 141
Foto 5: ebd., Nr. 190
Foto 6: ebd., Nr. 151
Foto 15: ebd., Nr. 161a
Foto 20: ebd., Nr. 193
Umschlagfotos, Foto 2–4, 7–14, 16–19, 21–25:
Elisabeth Trautwein-Heymann